MAGIE

MAGIE

DIE GEHEIME KUNST

FRANJO TERHART

p

Producing: ditter.projektagentur Gmbh
Projektkoordination und Bildbeschaffung:
Irina Ditter-Hilkens
Design (Reihe): Claudio Martinez
DTP-Layout und -Satz: Burga Fillery
Lithographie: Klaussner Medien Service GmbH

ISBN 10: 1-40547-896-9
ISBN 13: 978-1-40547-896-0

Printed in Thailand

INHALT

Spielarten der Magie 18

Lehrer der Magie 64

Magie

Was versteht man unter Magie?

Das Wort Magie stammt aus dem Altpersischen, wo es soviel wie „Zauberkunst“ bedeutet. Die Magie behauptet die Existenz verborgener Kräfte in der Natur, die der Magier bzw. der Wissende und Eingeweihte beherrschen und nutzen kann, ist doch magischen Vorstellungen zufolge der Mensch Teil eines universalen Systems gegenseitiger Abhängigkeiten. Als denkendes und fühlendes Wesen kann der Mensch Magie ausüben, wenn er versteht, wie dabei vorzugehen ist. Bis in die Zeit der Renaissance (14. und 15. Jh.) waren die Magier angesehene Mitglieder der Gesellschaft, zählten gleichsam zu den Intellektuellen. Magier waren gebildet, denn sie kannten alte Sprachen und Lehren und waren mit der geheimen Symbolik von Zeichen und Zahlen vertraut. Magier waren Sterndeuter und wussten um die stofflichen Zusammenhänge in der Natur, die so genannte Alchemie, und sie kannten sich mit dem Gebrauch von Heil- und Zauberkräutern aus.

Hohes Ansehen und Ablehnung der magischen Künste

Aus den zuvor genannten Gründen genossen Magier und weise Frauen hohes Ansehen, denn im Verständnis des antiken und mittelalterlichen Menschen war die Erde nicht nur von ihnen selbst, sondern zugleich von Engeln und Teufeln, Geistern und Dämonen bewohnt. Da war es wichtig, dass ein guter Magier solche übersinnlichen Kräfte zumindest bannen konnte. Magier standen in Diensten von Königen und Feldherren. Doch in der Folgezeit wurde die Aufteilung der Welt in Gut und Böse seitens der Kirche zunehmend rigider, und während alles Gute, wie etwa Geister und Engel, Gott zugeschrieben wurde, gerieten diejenigen, die sich der Magie verschrieben hatten, mehr und mehr auf die Seite Satans.

Magie ist gut und schlecht zugleich

Die persischen Priester, die „Magi“, beschäftigten sich vorwiegend mit Astrologie und Medizin bzw. Heilungsritualen und Kräuterkunde. Mit Hilfe der Astrologie versuchten sie Aussagen über das Schicksal von Einzelpersonen und von Völkern zu gewinnen. Sterndeuter waren Zukunftsdeuter, was in der Antike überhaupt nichts Zweifelhaftes hatte. Erst in Verbindung mit einer monotheistischen Religion wie dem Judentum oder später dem Christentum erhält die Magie etwas Anrüchiges und umfasst von da an alle „dunklen Machenschaften“. Der herrschende Klerus unterstellt den Magiern, etwas Asoziales bzw. Gottloses zu betreiben.

Mit Hilfe der Astrologie versuchten persische Magier Aussagen über das Schicksal von Personen und Völkern zu treffen. In der antiken Gesellschaft genossen sie hohes Ansehen.

Seit dem Mittelalter unterscheidet man zwischen weißer und schwarzer Magie – je nachdem, ob gute oder böse Geister angerufen werden.

Weiße und schwarze Magie, *Anima mundi*

Die Vorstellung von weißer und schwarzer Magie ist an religiöse bzw. ethische Vorstellungen gebunden. Was ist gut? Alles, was weiß ist. Was ist schwarz? Der Teufel, das Böse. Diese auf das Mittelalter zurückgehende Unterscheidung wurde verknüpft mit der Frage, ob himmlische Geister oder Dämonen der Finsternis zur Unterstützung des Zaubers angerufen wurden. Aus dieser Unterscheidung entwickelte sich im 14. Jh. die so genannte Natürliche Magie (*magia naturalis*), die hinter allen Naturerscheinungen zunächst einen Wesenskern, später dann ein Gesetz suchte, eine Vorgehensweise, die durchaus Parallelen zur modernen Naturwissenschaft aufweist. Unter „Wesenskern", auch *Anima mundi* genannt, verstand man im Mittelalter eine universelle Energie, die als Bindeglied zwischen menschlichem Geist und Materie steht, symbolisch dargestellt als eine von Sternen umgebene nackte Frau. Diese *Anima mundi* ist die belebende Kraft des Universums. Für den Tiefenpsychologen C. G. Jung (1875–1961) ist die Anima Mundi die kollektive Weltseele, in der alle mythologischen Bilder (Träume, Märchen, Symbole) der Menschheit „gespeichert" sind.

Der Kessel der Hexen war geheimnisumwittert. In ihm kochten sie ihr magisches Gebräu, und niemand wusste, ob zum Guten oder zum Bösen. Kräuter, aber auch Krötenaugen und Blut von Neugeborenen waren beliebte Zutaten.

Mikrokosmos – Makrokosmos

Die antike Mikrokosmos-Makrokosmos-Lehre, auf der letztlich alle Vorstellungen von der Wirkung der Magie gründen, geht davon aus, dass es zwischen den größten und den kleinsten Bauteilen des Universums und des Menschen eine Entsprechung gibt. Hier trifft der berühmte Satz des Hermes Trismegistos zu: „Wie oben, so unten; wie unten, so oben“. Alles, was es im Großen gibt, existiert entsprechend auch im Kleinen.

Ein übergreifendes Prinzip

Magischen Vorstellungen zufolge besteht zwischen dem Mikro- und dem Makrokosmos eine wechselseitige Beziehung, denn beide bestehen aus den gleichen Elementen, wobei ihre materielle Gestalt nur der sichtbare Ausdruck einer verborgenen Kraft ist, die beide durchströmt. Der Mensch ist folglich dem Weltall analog geformt. Wenn All und Erde einheitlich aufgebaut sind, müssen die Sterne auch auf den Menschen Einfluss haben, und zwar einen direkten Einfluss auf dessen Lebensweg, wie dies die Astrologie behauptet.

Ähnlich verhält es sich mit den einzelnen Elementen: Die Alchemie geht davon aus, dass der Geist des Menschen Prozesse innerhalb der Materie zu beeinflussen vermag. Wer die Kraft, die Großes und Kleines durchströmt, an sich binden kann, ist folglich ein Magier. Wer die Zusammenhänge der Natur aufgrund von Ähnlichkeiten der äußeren Merkmale – Signaturen genannt – erkennt, ist in der Lage, heilend zu wirken. So dachte schon im Mittelalter der Arzt Paracelsus (1494–1541), aber auch die Homöopathie arbeitet heute nach diesem Prinzip. Magischen Rezepturen liegt ebenfalls dieser Analogiegedanke zugrunde, etwa wenn man die Knollen der Orchidee aufgrund ihrer Ähnlichkeit mit dem männlichen Hoden als Aphrodisiakum begreift.

Magisches Ritual als kreatives Stimulans
Der italienische Autor und Freimaurer Adriano Lemmi (1822–1906) hatte einen tief verwurzelten Hass auf die Katholiken. Auf seinem Schreibtisch lag immer eine gestohlene Hostie, und er schrieb nie eine einzige Zeile, bevor er nicht den „Leib Christi“ mit seiner Schreibfeder durchstochen hatte. Danach soll ihm sein mit Stierhörnern und drei Augen auf der Stirn ausgestatteter Schutzgeist Sybacco erschienen sein, um ihm Inspirationen zu schenken.

Zauberbücher, magische Bücher und okkulte Schriften gibt es, solange die magische Kunst existiert. Bereits die alten Ägypter schrieben ihre magischen Rezepte, Formeln und Zaubersprüche auf Papyrus.

Themenübersicht

Bei der Magie ist die Anwendung das Gefährliche, nicht das Wissen. Darauf verweisen die Magier, die diese Kunst beherrschen. Auf den nachfolgenden Seiten werden die verschiedenen Spielarten der Magie vorgestellt – darunter die Runenmagie, die Geomantie, die Kabbala, der Umgang mit Amuletten und Talismanen, der Gebrauch der Kristallkugel und die Anwendung von Invokationen (Geister- und Dämonenbeschwörung). Bedeutende Meister der magischen Zunft wie Aleister Crowley oder Eliphas Levi finden ebenso Erwähnung wie das magische System von Franz Bardon, der zahlreiche Bücher verfasst hat, in denen Übungen, Rituale und magische Praktiken anschaulich beschrieben werden – einer der letzten großen Okkultisten. Erörtert werden zudem die Bedeutung des berühmten magischen Zirkels des „Order of the Golden Dawn“ sowie diejenige der modernen Hexen-Konvente (Wicca). Es soll versucht werden, Licht in das Dunkel magischen Geheimwissens zu bringen, wobei auch die Zusammenhänge zwischen verschiedenen Wissensbereichen veranschaulicht werden.

Kommunikation mit Engeln gehört zu den Wirkbereichen des Magiers.

Wirkebenen der Magie

Psychologischen Erklärungsmodellen zufolge wirkt Magie durch die Psyche selbst auf uns ein: Eingebungen und Empfindungen, Traumbilder, Ekstase, Trance und Selbstbeeinflussung sind die bekanntesten Mittel und Wege dieser Einflussnahme. Wir verzaubern uns selbst oder lassen uns durch Mitwirkung von außen verzaubern. Magie wird als beglückend oder bedrängend verstanden, und ihre Wirkungen sind im Alltag recht häufig anzutreffen.
Auf dem Energiemodell fußende Erklärungen magischer Wirkungen setzen ein höheres Selbst voraus, das sich uns durch Rituale und Zeremonien mitteilt. Der Magier tauscht sich mit dem All durch eine dem irdischen Bereich enthobene Ebene aus. Solches Wirken nennen wir unfassbar und betrachten es als eine Art Wunder – von Spontanheilungen schwerer Krankheiten bis hin zum berühmten Schutzengel, der jeden Menschen begleiten soll.
Das Geistermodell schließlich gründet auf der Überzeugung, dass übergeordnete Kräfte existieren, die dem Menschen mittels ritueller Handlungen hilfreiche magische Dienste leisten können. Es lassen sich zwei Formen dieses Modells unterscheiden: In der Parapsychologie gibt es ein animistisches Modell als Gegenposition zum Spiritismus. Hierbei haben Geister und andere übersinnliche Erscheinungen ihre Ursache in den Seelenkräften der Menschen, die in übernatürlich wirkende Erscheinungen hineinprojiziert werden. Das zweite Geistermodell ist spiritistischer Natur und bindet angenommene dämonische Instanzen aus dem Jenseits mit ein, indem es sie mit Hilfe magischer Rituale anruft bzw. herbeizitiert.

Wem das alles nicht genügt, der möge die Feen befragen, die man laut Raymond Lamont-Brown am ehesten in Irland findet. Im seinem Buch „Witchcraft" (1971) beschreibt er, wie man sich eine Begegnung mit Feen verschafft: „Man gebe etwas Salatöl in eine Glasphiole; doch erst wasche man das Öl mit Rosenwasser, wobei die Blüten gen Osten gesammelt werden müssen. Man wasche das Öl solange damit, bis es weiß ist. Dann fülle man es in das Glas und gebe die Knospen der Rosenmalve, die Blüten der Ringelblume, die Blüten des wilden Thymians, die Knospen der jungen Hasel hinzu, wobei der Thymian in der Nähe des Hügels, wo sich die Feen aufhalten, gesammelt werden muss. Man nehme das Gras eines Feenthrons und fülle alles in die Phiole und lasse es drei Tage in der Sonne stehen, damit es sich auflöst." (1)

Wie alle magischen Rezepte verlangt auch dieses Geduld und unkonventionelles Verhalten. Schnell, einfach und logisch funktioniert in Sachen Magie wenig.

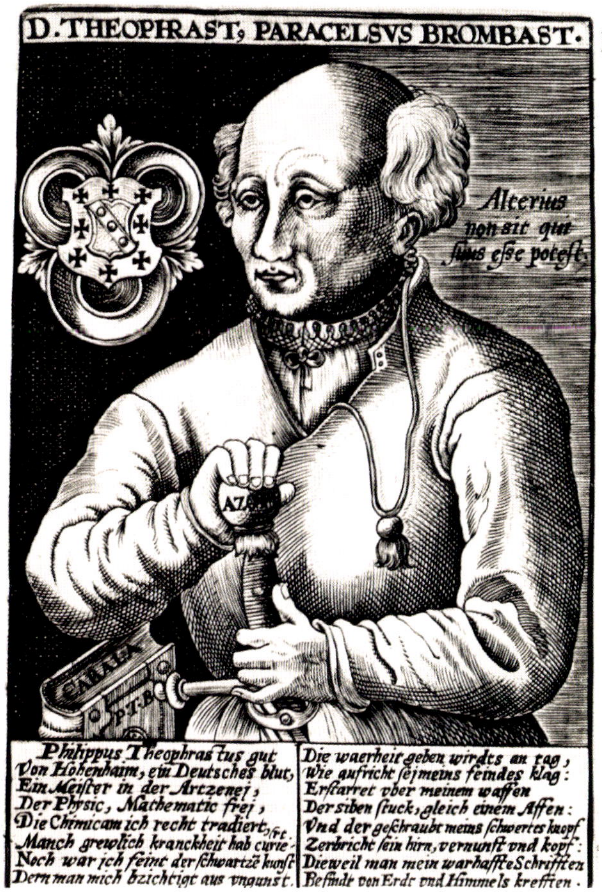

Paracelsus entwickelte die Mikrokosmos-Makrokosmos-Lehre weiter, die auch schon im alten China bekannt war. Weil alles miteinander verbunden ist, soll der Arzt laut dieser Lehre zugleich Astrologe, Theologe und Alchemist sein.

Streifzug durch die Geschichte der Magie

Der Gott Thoth war im Glauben der Ägypter der Herrscher über die Magie. Mit Hilfe seiner Zaubersprüche soll man die Sprache der Tiere verstehen können.

Antike und Mittelalter

Thoth – Herr der magischen Künste

Machtvoll und hoch angesehen waren die Magier im Alten Ägypten. Ihre Vorstellungen von Heilung drangen in medizinische Schriften ein, wobei der Heilungszauber neben dem Liebeszauber zur populärsten Form der damaligen Magie wurde. In einem ägyptischen Zauberpapyrus wird der Dämonengott Seth als Magier mit einem langen Stab in der linken Hand dargestellt. Ein solcher Träger eines Zauberstabs hieß im Alten Rom *baculatus* – abgeleitet von *baculum*, Stab der römischen Wahrsager; die Vorstellung, dass ein Magier einen Stab braucht, rührt daher. Als Herrscher über die Magie galt bei den Ägyptern allerdings der Gott Thoth. In einem Papyrus aus der 12. Dynastie (ca. 1938–1759 v. Chr.) heißt es, dass derjenige, der den ersten Zauberspruch Thoths anwendet, die Sprache der Tiere versteht. Wer den zweiten Zauberspruch Thoths sagt, während er im Totenreich ist, wird sogar augenblicklich wieder seine irdische Gestalt annehmen und auf die Erde zurückkehren. Magie wirkt also über das Diesseits hinaus und kann auch im Jenseits praktiziert werden.

Magische Pakte

Magische Rituale, durch die man Tote herbeiruft und wieder Gestalt annehmen lässt (Nekromantie), waren im Alten Ägyptern noch unbekannt. Sie tauchten erst in römischer Zeit auf, als die Totenbeschwörung und das Herbeirufen von Geistern gleichsam zum Berufsbild des Magiers gehörte. Aus dieser Zeit stammt auch die Vorstellung, dass man dienstbare Geister erscheinen lassen kann. Ein Papyrus aus dem 4. Jh. v. Chr. beschreibt, wie man einen Totendiener *(Uschebti)* herbeiruft, um ihn sich dienstbar zu machen.

Nach dem Tod des Zauberers nimmt der Diener dessen Seele allerdings mit sich, was an verschiedene magische Pakte aus mittelalterlicher Zeit erinnert: So will auch der Teufel Doktor Faustus mitnehmen, weil er ihm ja für eine bestimmte Zeit dienstbar gewesen ist.

Macht und Einfluss durch Magie haben also ihren Preis, v. a. dann, wenn sich Magier mit Dämonen verbinden. Diese Praxis nennt man Goetie; sie ist eine Form der schwarzen Magie, da gotteslästerliche Rituale zum Einsatz kommen.

Mark Aurel und Harnuphis

Die Wertschätzung, die man Magiern in der Antike entgegenbrachte, lässt sich anhand des Verhaltens Kaiser Mark Aurels bei seinem Feldzug an die Donau im Jahre 172 n. Chr zeigen. Das römische Heer befand sich in einer heiklen Lage, als der ägyptische Magier Harnuphis für Mark Aurel einen Regenzauber bewirkt haben soll, durch den dieser gegenüber den Germanen im Vorteil geriet.

Bedankt hat sich Mark Aurel nicht in erster Linie bei Hanuphis, sondern durch die Prägung von Münzen mit dem Antlitz des Gottes Merkur (Thoth).

Magier waren also zwar angesehen, ihre Fähigkeiten schrieb man aber nicht der Person selbst zu, sondern ihr übergeordneten Kräften.

Besonders im Mittelalter waren Magier sehr hoch angesehen. Sie waren an den Höfen der Könige als Berater und Wahrsager tätig.

Der geheime Name Gottes

Im Judentum wird der wahre Name Gottes, *Jahwe,* niemals ausgesprochen. Man verwendet für Gott stattdessen meist den Begriff *Adonaj*. Das geschieht einerseits aus Ehrfurcht, weil Gottes Name heilig ist und nicht leichtfertig benutzt und damit banalisiert werden darf. Andererseits verbirgt sich dahinter aber auch der alte magische Glaube, dass der wahre Name das Wesen des Namensträgers entblößt. Wer den Namen eines Wesens kennt, gewinnt dadurch Macht über das Wesen selbst. Diese Vorstellung findet man sogar im Märchen wieder. Rumpelstilzchen kann erst gebannt werden, nachdem sein Name bekannt wird.

In der Mystik des Judentums geht die Kabbala so weit zu sagen, dass nur der höchste Eingeweihte den wahren Namen Gottes kennt und das Geheimnis wahrt, denn der wahre Name Gottes bedeutet im Glauben der Kabbala absolute Macht über die Schöpfung.

Als Ersatz für Gottes wahren Namen stehen bei den Juden folgende neun Alternativen zur Verfügung: Ehedeh, El, El Adonai Tzabaoth, Iod, Elohim Giber, Elohim Tzabaoth, Tetra Grammaton Iohim, Eloah Va-Daath oder Shaddai.

Diese Namen Gottes haben auch Eingang in die Magie gefunden; sie dürfen genannt werden, und man versucht, durch sie Wunder zu bewirken.

Im Tempel von Ephesus stellte der Magier und Philosoph Apollonius von Tyana eindrucksvoll sein Können unter Beweis, als er seine Vision vom Mord an Kaiser Nero schilderte – der zeitgleich in Rom stattfand.

Magische Persönlichkeiten

Simon Magus

Im Neuen Testament (Apostelgeschichte 8, 9ff.) wird ein Magier namens Simon Magus erwähnt, der viele Anhänger gehabt haben soll. Er lebte zur Zeit der Apostel und soll über visionäre und telepathische Fähigkeiten verfügt haben. Auch soll er Gegenstände Kraft seines Geistes bewegt haben können. Die Bibel beschreibt ihn als einen ehrgeizigen Magier, der als größter Zauberer der Welt gelten wollte. Der Legende nach soll er Petrus zu einem Wettstreit herausgefordert haben, der für Simon Magus tödlich endete. Historisch verbürgt ist, dass Simon Magus eine gnostische Sekte gegründet hat, die sexualmagische Praktiken pflegte. Die Kirche verdammte ihn wohl auch deshalb als üblen Zauberer und Wüstling.

Apollonius von Tyana

Ebenfalls in frühchristlicher Zeit gab es zahlreiche andere Magier, die zugleich Philosophen waren. Zu den bekanntesten zählt Apollonius von Tyana, der im Jahre 20 n. Chr. in Tyana in Kleinasien geboren wurde. Viele antike Schriftsteller brachten ihm große Anerkennung entgegen, vor allem seit jenem Zeitpunkt, als er im Tempel von Ephesus den Umstehenden beschrieb, wie im gleichen Augenblick Kaiser Nero in Rom ermordet

Mystischer Seelenflug

Nach Auffassung des Baal Schem ist der Mensch dazu geschaffen, bis zum Kern allen Lebens vorzudringen. Das gelänge am besten mit Hilfe des mystischen Seelenflugs. Nach Auffassung der Kabbala und der Magie besitzt der Kosmos eine hierarchische Ordnung: vom Diesseits übers Jenseits bis zu Gott. In ihr steigt der Exstatiker immer weiter auf. Mittels der Ekstase, bei der sich die Seele vom Körper erhebt, kann man laut Baal Schem die gesamte Schöpfung durchdringen und die Wesen und Dinge in ihrer Verbundenheit sichtbar werden lassen. Der Mensch auf seinem Seelenflug erkennt, dass nichts wirklich vergeht, sondern sich nur verwandelt – auch der Tod ist somit nur etwas Scheinbares und nicht wirklich existent.

wurde. Er schilderte die Ereignisse so anschaulich wie ein Augenzeuge vor Ort. Apollonius wird außerdem nachgesagt, dass er böse Geister ausgetrieben und Tote zum Leben erweckt habe. Eine Demonstration seiner großen Macht hat er angeblich Kaiser Domitian in Rom gegeben, als er vor aller Augen unsichtbar wurde. Etwa 90 n. Chr. soll er zum Himmel gefahren sein.

Albertus Magnus – ein magisches Universalgenie

Der katholischen Kirche ist der einstige Bischof von Regensburg immer ein wenig suspekt geblieben, trotzdem hat sie ihn 1932 heilig gesprochen. Albertus Magnus (1200–1280) wurde in Schwaben geboren und studierte später eifrig die jüdische Kabbala, Astrologie und magische Künste. In Gegenwart von Kaiser Friedrich II. soll er Tote beschworen haben; zudem habe er gewusst, wie der alchemistische Stein der Weisen herzustellen war, eine Substanz, mit der man unedle Metalle in Gold und Silber verwandeln können sollte. Angeblich hat Albertus Magnus den Stein der Weisen zur Beeinflussung des Wetters benutzt.

Sein größtes magisches Geheimnis aber bleibt die angebliche Schaffung eines sprechenden Roboters im 12. Jh. Dieses Metallgerät soll auf Fragen geantwortet haben und seinen berühmtesten Schüler Thomas von Aquin so sehr aufgeregt haben, dass er es nach dem Tod von Albertus Magnus zerstörte.

John Dee und die Sprache der Engel

John Dee (1527–1608), Magier am Hofe der englischen Königin Elisabeth I., beschäftigte sich mit magischen Alphabeten, insbesondere solchen, die aus der Zeit vor dem Turmbau zu Babel stammen sollen. Durch sie hoffte er, auf etwas ganz Außergewöhnliches zu stoßen.

In seinem berühmtesten Werk, der „Monas Hieroglyphica" versucht der Magier, das Geheimnis der schöpferischen Engelsmagie zu lüften, indem er die Sprache der Engel zu verstehen lernte. Für John Dee war die Engelsmagie ein einziges, ewig gültiges Symbol, durch das die Magie zur Wissenschaft erhoben wurde, symbolisch gesprochen eine auf Kreis, Linie und Punkt reduzierte Drei-Einheit.

Dr. John Dee, Hofmagier der englischen Königin Elisabeth I., war sehr an Okkultem interessiert. Sein Spezialgebiet war die Sprache der Engel, der er in seinem Werk „Monas Hieroglyphica" auf den Grund ging.

Der Baal Schem Tov – Mystischer Seelenflug und Kabbala

Der Rabbi Israel Ben Elizier (1700–1760), auch genannt Baal Schem Tov, ist der Begründer des Chassidismus, eine religiöse Lehre des Ostjudentums, die auf dem Glauben gründet, dass die natürliche und die übernatürliche Welt miteinander in steter Wechselwirkung stehen. Der Schöpfer befindet sich innerhalb der Welt, die nur sein Gewand ist. Das Wort aus der Kabbala, der jüdischen Mystik, „Kein Ort ohne ihn", bildet folglich den Ausgangspunkt der chassidischen Lehre, in der Gott und Mensch einander ins Auge sehen.

Der Baal Schem studierte die Kabbala, die es ermöglichen soll, den Grund aller Dinge zu schauen und zu verstehen. Die Kabbala lehrt unter anderem, dass man im Leben einen mittleren Weg zwischen den Gegensätzen finden und die Extreme meiden soll. Nach seinen intensiven Studien drängte es den Baal Schem, im Land bei den Menschen Gutes zu wirken. Auf seinen Reisen heilte er zahlreiche Kranke, etwa einen todkranken Knaben, indem er ein Wachstäfelchen mit dem Namen des Kindes an einen Baum im Wald heftete. Dann zündete er es an und sprach einen lange Beschwörungsformel. Das Feuer soll die ganze Nacht gebrannt haben und der Junge am anderen Morgen wieder gesund gewesen sein.

Aleister Crowley ist einer der meist beachteten Magier der Neuzeit. Er gilt bei vielen Forschern des Okkulten als Vater des Satanismus, andere jedoch sehen ihn eher als Mystiker.

Die Magische Kunst und Magier in der Neuzeit

In der Neuzeit hat sich neben Eliphas Levi (1809–1875) und Madame Blavatski (1831–1891) vor allem Aleister Crowley (1875–1947) um Okkultismus, Theosophie und Magie verdient gemacht. Crowley, der sich gern mit dem „Großen Tier 666", dem prophezeiten Antichristen aus der Apokalypse des Evangelisten Johannes (Offenbarung 12,1–14,5) verglich, gilt vielen als der Vater des Satanismus. Magie im 19. und 20. Jh. hat viel mit psychologischen Techniken zu tun, die das Innere der menschlichen Seele ausloten. Magie hat, nach Auffassung des Okkultisten und Magiers Israel Regardie (1907–1985), einem Mitglied des magischen Geheimbunds „Order of the Golden Dawn", das Ziel, das je eigene Selbst besser kennen zu lernen und die wahren, verborgenen Kräfte des eigenen Geistes so optimal wie möglich zu nutzen, also einen inneren Schatz zu heben.

Bewusstseinserweiterung und bessere Welt

Mit seinen magischen Kräften erhebt sich der Mensch über die Natur und kann laut Israel Regardie eine „ideale, utopische Entwicklung der Weltsituation" (2) einleiten. Durch Magie zu einem besseren Menschen, durch Magie zu einer besseren Welt – dies ist ein Leitgedanke vieler bedeutender Magier und Geheimbünde der Neuzeit. Das absolute Endziel ist die Vereinigung mit Gott. Dabei geht die Magie davon aus, dass die Evolution einen dauerhaft positiven Verlauf nimmt, wenn der Mensch das in ihm schlummernde Potenzial geistiger Kräfte freisetzt und

Alchemie

Mit der Alchemie ist eine mehr als zweitausend Jahre alte Geschichte verbunden. „Chemia" wird laut Plutarch (45–125) als Bezeichnung für Ägypten benutzt; andererseits hat es im Griechischen etwas mit dem Gießen von Metall zu tun. Das Wort „al" ist arabisch, ein Artikel wie „der", „die", „das", und wurde vor „chemia" gesetzt, als die Kunst der Metallumwandlung (Transmutation) von der arabischen Kultur übernommen wurde. So weist das Wort „Alchemie" eine Verbundenheit mit der Geschichte auf, zu der Griechenland, Ägypten und die arabische Kultur ihren Beitrag geliefert hatten, bevor Westeuropa im Mittelalter damit in Berührung kam. In der Alchemie geht es darum, das Unvollständige umzuwandeln und zu einem Grad der Vollkommenheit zu erheben. Transmutation (Umwandlung in Höheres) von Metallen und Transmutation des Menschen selbst war das Ziel. Das gilt für Stoffe wie Blei, aus denen man Gold machen wollte. Das gilt aber auch für den Alchemisten selbst, der sein irdisches Leben dauerhaft machen wollte. Beides – Gold wie Unsterblichkeit – sollte laut Alchemisten sowohl durch den „Stein der Weisen" als auch durch das „Lebenselexir" (Aurum potable – trinkbares Gold) erreicht werden.

weiterentwickelt. Wahre Magie besteht demnach in der Erweiterung des eigenen Bewusstseins. Das geschieht, sobald man eine Art Brücke zwischen dem Bewusstsein und dem tieferen, verborgenen Teil der Psyche hergestellt hat.

Visualisierung und Alchemie

In der Magie spielt die Visualisierung eine besonders wichtige Rolle; ohne sie kommt Magie nicht aus. Visualisierung ist eine psychologische Technik, bei der man geistige Bilder und Vorstellungen dem Bewusstsein gleichsam einprogrammiert, um sie später abzurufen. In seinem Buch „Die Elemente der Magie" nennt Israel Regardie die Fähigkeit, sich Bilder lebhaft und möglichst präzise vor sein geistiges Auge holen zu können, als wesentliche Voraussetzung für die Befähigung zum Magier. In der Praxis gehen Menschen, die sich der Magie verschreiben, häufig sehr verschiedene Wege, jedoch mit demselben Ziel: Macht und Selbsterkenntnis.

Die Alchemisten erforschten die Stoffe der Erde und orientierten sich dabei auch an den damals gültigen Naturphilosophien. Sie haben zahlreiche Aufzeichnungen zu ihren Studien hinterlassen, die die spätere Entwicklung der Naturwissenschaften beeinflusst haben.

Fulcanelli – der letzte Alchemist Europas?

Die Alchemie ist die Magie des Stofflichen. Sie berücksichtigt die naturgegebenen Kräfte, aber auch jene, die im bekannten wissenschaftlichen Weltbild keinen Platz finden. Der Alchemist Fulcanelli (1887–1932) behauptete z. B., dass es für einen Alchemisten leicht sei, eine Atombombe zu bauen, weil man dazu nur ein paar geometrische Neuanordnungen besonders reiner Stoffe benötigt. Fulcanelli soll außerdem aus einem Kilo Eisen ein völlig neues Element extrahiert haben, nur durch die Kraft seines Geistes und der richtigen Substanzen – das behauptet jedenfalls der Autor Jacques Bergier (1912–1978), der ihn einst traf. Magie zur Beherrschung der Materie? Fulcanelli soll das gekonnt haben und gilt als letzter Meister seines Fachs.

Die rotierenden Galaxien waren zu allen Zeiten ein Bild für die gewaltigen Kräfte der Schöpfung. Selbst steinzeitliche Felsbilder zeigen sich drehende Wirbel.

Spielarten der Magie

Der vielschichtige menschliche Körper

Die Aura umhüllt den Körper eines jeden Lebewesens und kann von medial begabte Menschen wahrgenommen werden. Paracelsus berichtete im Mittelalter erstmals von diesem ungewöhnlichen Phänomen.

Die Aura

Medial begabte Menschen „sehen" bei jedem Lebewesen eine Aura, die dessen Körper als Lebensenergie umhüllt. Einer der ersten, der darüber geschrieben hat, war der Arzt Paracelsus. Er beschrieb dieses Energiefeld als eine Art feurige Kugel.

Im 18. Jh. führte der österreichische Arzt Franz Anton Mesmer den Begriff „animalischer Magnetismus" ein, den er als eine den Körper umgebende elektromagnetische Energie definierte. Mesmer sah sie in direkter Beziehung zur gesundheitlichen Verfassung eines Menschen stehend.

Im 20. Jh. erfand der Londoner Arzt Dr. Walter Kilner einen Sichtschirm, der ultraviolettes Licht sichtbar machen konnte. Mit seiner Hilfe entdeckte er einen Lichtschein im Umfeld des menschlichen Körpers und gelangte zu der Überzeugung, aus den Besonderheiten des Lichts Rückschlüsse auf körperliche Erkrankungen ziehen zu können.

1939 stellte der Russe Semjon Dawidowitsch ein fotografisches Verfahren vor, das heute unter dem Namen Kirlian-Fotografie bekannt ist. Mit ihr sollen sich Auren bei Lebewesen erforschen lassen, die sich als Koronarstahlung auf dem belichteten Material abzeichneten.

Das Lesen der Aura

Menschen, die die Aura anderer erkennen können, berichten, dass sie sich üblicherweise ca. 30–45 Zentimeter um den Körper herum ausdehnt und oval ist. Bei stark extrovertierten Menschen zeige sie sich deutlich größer, bei Sterbenden ist sie in der Regel schwach und zu einer Linie rings um den Körper zusammengschrumpft. Beim Auralesen unterscheidet man bestimmte Gemütszustände und Emotionen nach Farben: Rot steht für Ärger und Lebenskraft, Grün für Mitgefühl und Wohlstand, Blau für Spiritualität und Hingabe, Indigo für Güte und intuitive Offenheit.

Die feinstofflichen Körper

Allgemein ist in der Esoterik und seitens derjenigen, die sich für befähigt halten, Kontakt zu übersinnlichen Bereichen aufzunehmen, so genannten Medien also, neben dem physischen immer von drei feinstofflichen Körpern des Menschen die Rede:

1. **der Ätherkörper**, der für die Verbreitung der physischen Abläufe zuständig ist und wie eine Art Barometer des persönlichen Wohlbefindens fungiert. Es gibt Heiler, die allein über die Betrachtung des Ätherkörpers Krankheiten diagnostizieren können. Beim Tod des Menschen stirbt auch der Ätherkörper.
2. **der Astralkörper**, in dem die Gefühle verarbeitet werden. Er wird aus all den Wünschen, Emotionen und Gedanken gebildet, die der menschliche Geist beherbergt. Dieser feinstoffliche Leib ist das Vehikel beim Astralwandern. Beim Tod des Menschen verlässt er den Körper und geht in die Astralwelt ein. Spontan löst er sich bei Unfällen vom Körper, unter Einfluss von Drogen und wenn ein Mensch ins Koma fällt. Der Astralkörper ist jener Teil des Menschen, der bei Nahtoderlebnissen umherwandert und von Ereignissen in der Astralwelt erfährt.
3. **der Mentalkörper**, in dem alle Gedanken – einschließlich der übersinnlichen und intuitiven – zu Hause sind. Der Mentalkörper wird meist in zwei Ebenen unterteilt: der höhere Geist speist sich aus dem universellen Geist (spirituelle Erfahrungen, Intuition, höhere Wahrheiten etc.); der niedere Geist ist ganz im Irdischen und Materiellen verhaftet – was nicht negativ gemeint ist.

Im Glauben vieler Völker spielen diese drei feinstofflichen Körper eine wichtige Rolle, sowohl hinsichtlich des Weiterlebens nach dem Tod als auch in Bezug auf konkrete okkulte Handlungen. Die feinstofflichen Körper erheben den Menschen über die rein physische Sphäre und befähigen ihn, Magie auszuüben. Wenn der Mensch mehr ist als die Summe seiner Körperfunktionen, dann vermag er auch Kräfte freizusetzen, die das Alltäglich-Normale zu übersteigen in der Lage sind.

Seit 1939 existiert ein Verfahren, die so genannte Kirlian-Fotografie, mit der man die Aura des menschlichen Körpers sichtbar machen kann. Das Bild zeigt die Aura von Fingerkuppen und Zehen.

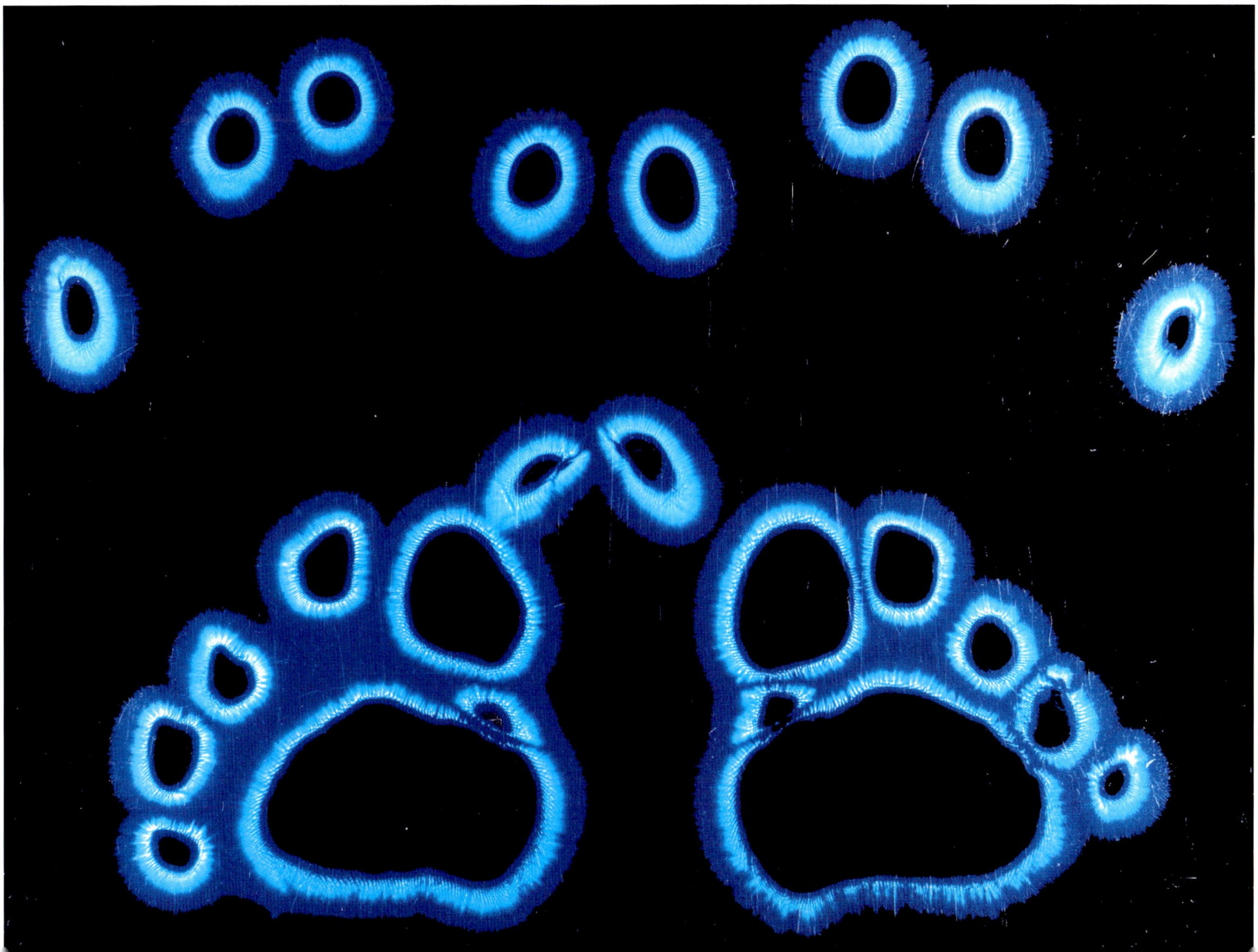

Zu den Hexensabbaten sollen die Hexen auf ihren Besen geflogen sein. Heute weiß man, dass sie sich nach Einnahme von Drogen auf Astralreisen begeben haben, auf denen sie sich angeblich mit dem Teufel persönlich getroffen haben.

Astralmagie

Die feinstofflichen Körper des Menschen werden von der Astralmagie für verschiedene magische Handlungen benutzt, die vor allem dazu dienen, den Astralleib auf Reisen zu schicken und Astralprojektionen zu erzeugen. Verschiedenen Quellen zufolge soll jeder Träumende nachts unbewusst auf Astralreisen gehen, wobei der Astralkörper aus dem Kopf heraus tritt. Der Astralkörper kann dann Orte in der realen Welt besuchen, ohne dabei entdeckt zu werden.

Angeblich gab es in den USA, aber auch in Russland Versuche, Astralwanderer für Spionagezwecke auszubilden. In den 1970er-Jahren wurde diesbezüglich viel spekuliert, genaueres wurde allerdings nie bekannt.

Ähnlich geartet wie Astralreisen sind Astralprojektionen, wobei hier aber im Vordergrund steht, Raum und Zeit auszuschalten, um beispielsweise in die Zukunft oder in die Vergangenheit zu schauen.

Astralreisen

Die Astralmagie zielt darauf ab, im Rahmen ihrer Astralreisen allein durch die Kraft und Macht des Astralkörpers auf andere oder anderes einzuwirken. Manch ein Magier soll sich gar die Fähigkeit angeeignet haben, einen Gegner durch „Schläge" seines Geistes verletzen zu können, ohne körperlich anwesend zu sein.

Viele Magier versuchen, Astralreisen zu unternehmen – oft unter Zuhilfenahme von Drogen oder durch Selbsthypnose. Auch Schamanen begeben sich häufig auf Astralreisen. Sie versetzen sich dazu in einen Trancezustand, der immer mit Bewusstseinsverlust verbunden ist und mitunter sogar psychische Schäden nach sich zieht. Nahtoderlebnisse werden ebenfalls den Astralreisen zugeordnet.

Astralmagischen Vorstellungen zufolge bleibt der Mensch durch die so genannte Silberkordel, ein Band aus feinstofflicher Materie, mit dem Astralkörper verbunden, wenn er seinen physischen Körper verlässt.

Hexensabbat – Verkehr mit dem Teufel?

Das Wort Hexe geht zurück auf das althochdeutsche „Hagsissa“ oder „Hagazussa“, ein dämonisches Wesen, das sich bevorzugt auf Hecken und Zäunen aufhält. Im 13. Jh. kam die theologische Lehrmeinung auf, Hexer und Hexen hätten einen Teufelspakt abgeschlossen. Hierbei habe der Mensch dem Teufel seine Unterwürfigkeit mit einem Fußkuss angezeigt. Bei den Hexenprozessen legte man dem „Gericht“ als Beweise sogar schriftlich verfasste Verträge vor, die sowohl von den Angeklagten als auch vom Teufel selbst unterschrieben worden seien. Dass der Teufel mit den Hexen an bestimmten Orten auch Geschlechtsverkehr gehabt hat, galt vielfach als unbestreitbare Tatsache: Die Hexen gaben sich dem Teufel hin, der die Gestalt eines riesigen Bocks annahm. Am Hexensabbat rieben sie sich mit ihren Zaubersalben ein – halluzinogene Präparate, die sie aus Stechapfel, Tollkirsche, Fliegenpilz und Alraunen hergestellt hatten. Anschließend begaben sie sich auf Astralreisen und flogen auf ihren Stecken zum geheimnisvollen Blocksberg, wo es zu wilden Tänzen und sexuellen Ausschweifungen kam.

Vielen Forschern zufolge geht das Hexenwesen auf vorchristliche Vorstellungen zurück, bei denen Schamanismus und bestimmte Totenkulte eine Rolle spielten. In entsprechenden germanischen Glaubensvorstellungen etwa vereinigen sich negative Züge des Schadenszaubers mit positiven Zügen der Heilmagie.

Das dem Volk altbekannte Bild von der Hexe auf ihrem Besen ist nicht so leicht auszurotten. Doch der Flug der Hexen war in Wahrheit ein magischer Flug – ein durch halluzinogene Drogen bewirkter Effekt.

Die Linien auf der Karte stellen die Energieströme der Erde dar, auf denen sich der Astralreisende wie auf einer Autobahn fortbewegen kann.

Macht und Geheimnis der Amulette und Talismane

Allgemeines zu Amulett und Talisman

Amulette und Talismane haben eine sehr lange Geschichte. Es hat sie zu allen Zeiten bei allen Völkern der Erde gegeben und gibt sie noch. Eine moderne Form des Talismans ist das Maskottchen.

Talismane sind gewöhnlich materielle Objekte, denen eine unsichtbare, physikalisch nicht nachweisbare Kraft innewohnt, die den Besitzer in gewünschter Weise unterstützt. Sie sind eher Glücksbringer, während Amulette vor allem eine Schutzfunktion haben. Beide sind ein wichtiger Bestandteil der Magie, in die der Mensch eingebunden ist in ein Zusammenspiel natürlicher, übersinnlicher oder göttlicher Energien.

Amulette und Talismane werden zumeist aus neutralem Messing und Kupfer hergestellt; dem Material kommt dabei die Aufgabe zu, schädliche bzw. ungünstige Energien aufzunehmen und sie vom Körper wegzuleiten. Ein Amulett soll nur einer Person dienen, die durch spirituelle Reinigung ihre persönlichen Eigenschaften auf den Gegenstand überträgt. Niemand außer dem Besitzer darf mit dem persönlichen Talisman in Berührung kommen. Während des Schlafs soll man seinen Talisman am besten in einem Leinensäckchen – jedenfalls nicht am Körper – aufbewahren, damit er frei vom Körper seines Trägers „Zeit“ erhält, seine Energien zurückzugewinnen.

Aus uralter Zeit

Der Gebrauch von Amuletten und Talismanen lässt sich bis in die Zeit der frühen Hochkulturen zurückverfolgen. Mehrere märchenhafte Legenden erzählen beispielsweise vom Riesen Gigante, der bereits vor der Sintflut Amulette und Talismane in Wirkung und Gebrauch entdeckt haben soll. Laut dem römischen Schriftsteller Diodor von Sizilien (1. Jh. v. Chr.) soll dies auch dem ersten König der Ägypter mit Namen Menas gelungen sein. Auch von Noahs Sohn Cham heißt es, er sei ein Fachmann in der Anwendung von Talismanen gewesen.

Amulette dienen der Abwehr von bösen Geistern. Sie schützen den Träger unter anderem vor dem Bösen Blick – wie dieses Amulett aus Israel deutlich macht.

Keltische Knoten haben keinen Anfang und kein Ende.

Ein kurzer Ausflug in die Welt keltischer Knoten

Kernbedeutung von keltischen Knoten ist die Unendlichkeit. Darüber hinaus verwendet man sie als magische Amulette. Keltische Knoten haben keinen Anfang und kein Ende, zudem verfügen sie über Regelmäßigkeiten, die sich permanent wiederholen – ein Symbol für den natürlichen Kreislauf des Lebens, der Welt und des Kosmos aus keltischer Sicht.
Der inzwischen wohl bekannteste keltische Knoten ist der aus der populären Fernsehserie „Charmed". Der Knoten setzt sich aus drei mondförmigen Linien zusammen, die ein Ring zusammenhält. Die Drei war den Kelten heilig. Das bretonisch-keltische Triskel – drei ineinander verschränkte Schlangenlinien – steht für Feuer, Wasser, Erde. Gleiches wird dem dreifachen „Charmed-Knoten" zugesprochen, zudem ist er ein Symbol für die Dreieinigkeit von Körper, Geist und Seele, die uns den Weg zu wahrer Erleuchtung ebnet. Zum anderen steht er für die Dreifaltigkeit der Frau: Jungfrau, Mutter und die weise alte Frau.

Dieses kostbare Amulett einer ägyptischen Königin zeigt vermutlich drei Bienen, ein Motiv, das bereits bei den Merowingern in Frankreich um 600 n. Chr. das Symbol für ewiges Leben war.

Unterscheidung von Amuletten und Talismanen

Sowohl Amulette als auch Talismane spielen eine herausragende Rolle in der Magie, und werden zum Wohl des Trägers eingesetzt. Was aber ist der Unterschied zwischen den beiden?

Der antike Schriftsteller Plinius der Jüngere (62–113) bezeichnet ein Amulett als einen natürlichen oder handwerklich angefertigten Gegenstand, der dem Zweck dient, einen Menschen vor Not, Kummer und Gefahren durch böse Geister zu bewahren. Es schützt seinen Träger folglich vor Krankheiten, Flüchen oder anderen schädlichen Kräften.

Ein Talisman ist dagegen eher ein Glücksbringer. Er hat die Aufgabe, gute und förderliche Energien anzuziehen oder das bestehende Gute zu steigern und zu vermehren, beispielsweise Wohlstand, Gesundheit oder beruflichen Erfolg.

Das alte tibetisches Mandala ist Grundlage der östlichen Bildmeditation. Der Meditierende dringt von außen in das Mandala ein und nähert sich danach dem Zentrum. Als Mikrokosmos stellt es die Einheit mit dem Makrokosmos her.

Die Herkunft von Amuletten und Talismanen

Das Wort „Amulett" kommt wahrscheinlich aus dem arabischen Sprachraum. Dort nennt man einen mit Sinnsprüchen beschriebenen Stoff- oder Pergamentstreifen *hamalet* (Anhängsel). Der Begriff „Talisman" stammt aus der Türkei: *Talis* oder *Talismon* lässt sich mit „Wunderbild" übersetzen. Türkische Priester, die sich mit diesen Gegenständen befassten, wurden ebenfalls Talismane genannt. Im Arabischen gibt es zudem das Wort *tilisman* (Zauberbilder).

Die Grundlagen für den Umgang mit Talismanen haben einmal mehr die Ägypter gelegt. Sie waren zusammen mit chaldäischen, hebräischen und indischen Volksstämmen die ersten, die Sternfiguren und -konstellationen, aber auch Tier- und Menschensymbole auf Stein oder Metall darstellten und für magische Zwecke nutzten. Dabei wurden Talismane nicht nur am Körper getragen, sondern auch an Häusern und Gegenständen des Alltags angebracht, um mit Göttern, Dämonen und Geistern in günstige Verhältnisse zu kommen.

Beliebte Amulette bzw. Talismane

Eine weit verbreitete Grundform ist das „Ankh", das so genannte Henkelkreuz. Es bedeutet als Hieroglyphe

„Leben", heißt aber auch „gehen". Oft wird es in Verbindung mit Göttern gezeigt, die das Ankh dem König bzw. Pharao als ein Geschenk des Lebens darbringen. Als Talisman soll es genau dies bewirken: ein langes Leben.

In unterschiedlichen Zusammenhängen stößt man auch auf das aus zwei Dreiecken gebildete Pentagon, zweifelsohne das bekannteste magische Symbol, das geliebt, angebetet, verehrt und gleichermaßen vom „Bösen" gefürchtet wird. Es wird u. a. auch als Drudenfuß, Pentakel, Hexenstern oder Stern der Magier bezeichnet. Das Pentagramm ist ein universelles Schutzsymbol und Erkennungszeichen vieler geheimer Orden.

Marsilio Ficino und sein magisches Medaillon in Mandalaform

Im Mittelalter griff der Florentiner Arzt, Astrologe und Philosoph Marsilio Ficino (1433–1499), der das „Corpus Hermeticum" des Hermes Trismegistos wiederentdeckte und übersetzte, eine alte Idee der Magie auf: Für Ficino ist das All ein einziges lebendiges Wesen und besteht aus dem Kosmos, der Weltseele und dem Weltgeist. Zwischen diesen drei Kräften bestehen magische Verkettungen, sodass man durch entsprechende Zusammenstellungen von Farben, Metallen und Bildern den Weltgeist einfangen und für sich nutzen kann.

Um das zu bewerkstelligen, muss man zunächst ein Abbild des Universums schaffen. Dieses Abbild muss unbedingt die drei Farben grün, gold und blau enthalten und aus den drei Metallen Eisen, Gold und Silber bestehen. Bei der Erstellung muss man sich außerdem nach astrologischen Konstellationen richten: Man muss damit beginnen, wenn die Sonne in den Widder eintritt (Frühlingsanfang) und die Arbeit beenden, wenn die Venus in die Sonne eintritt.

Marsilio Ficino empfahl auf der Basis alter magischer Vorstellungen einen Talisman in Mandalaform, mit dessen Hilfe dem Chaos in der Welt entgegengewirkt werden kann.

Das Objekt, das auf diese Weise angefertigt werden soll, denkt sich Ficino als eine Art Talisman in Mandalaform (kreisförmiges Symbol) aus, das man sich umhängt. Er glaubt, wer über dieser Figur nur lange genug meditiere, beeinflusse die Kräfte des Kosmos positiv, weil er dem Chaos entgegen wirke, das in Form von Maßlosigkeit auf die Welt einströmt.

Was hätte Ficino wohl von der heutigen Welt gedacht, die im Vergleich zum mittelalterlichen Leben weit komplexer strukturiert ist? Wenngleich Dinge wie die Reizüberflutung durch die modernen Medien damals noch unbekannt waren, muss Ficino doch bereits in seiner aus heutiger Sicht eher überschaubaren Welt Vergleichbares empfunden haben.

Die Zeiten ändern sich also, doch trotzdem vertrauen immer noch viele Menschen ihrem Talisman, der ihnen dabei hilft, das wirkliche Eine und Wahre zu erkennen.

Unter den zahlreichen altägyptischen Amuletten spielt Ankh (ganz rechts im Bild) in der Magie die bedeutendste Rolle. Aus Ankh haben sich die Symbole Kreis und Kreuz entwickelt.

Der heilige Sankt Georg tötet den Drachen, der das Böse in der Welt repräsentiert. Das Motiv des Drachentöters wird gern von Jägern auf der Pirsch als Talisman getragen, um ihnen Jagdglück zu bescheren.

Darstellungen auf Talismanen

Von der Antike bis ins Mittelalter hinein wurden oftmals Bildnisse hergestellt, die ein mythisches Ereignis wiedergaben und die man als Talisman trug, um in vergleichbaren Situationen die Geschehnisse günstig zu beeinflussen. Eine häufige Darstellung war die listenreiche Eroberung Trojas, was Feldherren im Krieg helfen sollte, ähnlich erfolgreich zu agieren. In der Hoffnung auf Erfolg auf ihrer Pirsch trugen Jäger Talismane mit dem Bild des heiligen Georg, der den Drachen tötet.

Solche Talismane, die ihren Träger schützen oder ihm helfen sollen, fallen in die Kategorie Analogiezauber.

Was ist ein Analogiezauber?

Als Analogiezauber bezeichnet man alle magischen Verfahren, bei denen Ähnlichkeiten (Analogien) zwischen dem gewünschten Ergebnis und einer rituellen Handlung genutzt werden, um entsprechende Wirkungen zu erreichen.

Dazu zählen also nicht nur Darstellungen eines Ereignisses auf einem Talisman, sondern auch zahlreiche andere Zauber. So werden Rauchschwaden erzeugt, weil sie Wolken ähneln. Diese wiederum wünscht man herbei, auf dass sie dem Land Regen bringen. Knoten werden geknüpft bzw. gelöst (**Knotenzauber**) und damit magische Bindungen bestärkt oder gelöst. Beim **Bildzauber** stellen Puppen einen bestimmten Menschen dar – hergestellt aus Materialien, die zu der Person in enger Beziehung stehen, etwa seine Haare, Nägel oder Kleidungsstücke. An diesen Puppen verrichtete Handlungen sollen auf den Betreffenden wirken, zum Schaden oder zum Nutzen desselben. Berühmt-berüchtigt ist das Durchstechen von **Voodoo-Puppen**, was dem Dargestellten unmittelbaren Schmerz zufügen soll.

Selbst Volkstänze unterlagen häufig dem Analogiezauber. So brachte man hohe Sprünge der Tanzenden mit hohem Wuchs der Pflanzen – sprich: einer reichen Ernte – in Verbindung.

Mit Hilfe von Voodoo-Puppen, die meist einen ganz bestimmten Menschen darstellen, spitzen Nadeln und magischen Worten sollen diese bestimmten Personen solange gequält werden, bis sie sich dem Willen eines anderen fügen.

Auch das berühmte Auge des Gottes Horus gilt als sicherer Schutz gegen Angriffe durch den „Bösen Blick". Zugleich bewahrt es die eigene Gesundheit. Noch heute wird dieses Symbol gerne von Menschen als Schmuckstück getragen.

Der böse Blick

Eine besondere Form von Flüchen

Flüche sind der gezielte Versuch, Dämonen zu wecken, um einen oder mehrere Menschen mit deren Hilfe zu bestrafen. Ihre Wirkung ist häufig psychologischer Natur, und es gibt verschiedenste Formen von Flüchen, unter denen der „böse Blick" eine Besonderheit darstellt.

Um wirksam zu werden, bedarf es bei vielen Flüchen gewisser Gegenstände, oft in Kombination mit rituellen Handlungen. Deshalb schrieb man in der Antike Verwünschungen und Flüche üblicherweise auf so genannte Fluchtäfelchen und brachte sie verborgen in der Nähe desjenigen an, der geschädigt werden sollte. Der jüdische Prophet Jeremia schrieb z. B. alles Böse, das über Babylon kommen sollte, auf ein Pergamentblatt. Dann gab er seinem Diener Seraia den Auftrag, es nach Babylon zu bringen, den Text zu verlesen, das Blatt an einen Stein zu binden und in den Euphrat zu werfen. Ebenso wie der Stein sollte auch Babylon sinken und nie wieder auferstehen. Die Germanen benutzten für ähnliche Flüche viereckige Knochenplatten, die einen Runenfluch enthielten.

Die meisten Flüche werden allerdings laut ausgesprochen. Im alten Irland gab es sogar so genannte Spruchweiber, die Flüche im Auftrag Dritter ausführten. Man bezahlte sie fürstlich für ihre Dienste, doch die Betroffenen zeigten sich eher geschockt als amüsiert.

Der Fluch durch den bösen Blick fällt also aus der Reihe, weil er weder ausgesprochen wird noch eines Rituals bedarf, um wirksam zu werden. Trotzdem ist er eine weit verbreitete Form des Schadenzaubers, dessen geheimnisvolle Kräfte nicht nur Menschen, sondern auch Tiere und Pflanzen schädigen können.

Die Macht der Augen

Weil das Auge die Fähigkeit besitzen soll, verborgene innere Kräfte nach außen zu bringen, wird ihm von jeher eine besondere Macht beigemessen.

Der gefürchtete böse Blick findet sich in den Mythologien zahlreicher alter Völker: Aus antiken Texten erfährt man, dass es bereits in Skythien und bei den Illyrern Frauen gab, die durch ihren zornigen Blick töten konnten. Die altiranische Mythologie kennt die Dämonin Agash, die der personifizierte böse Blick ist, und bei den Kelten galt der einäugige Riese Balor als jemand, der seinen Blick als todbringende Waffe einsetzen konnte. Aus der griechischen Mythologie ist Medusa bekannt, deren Augen jeden versteinerten, den sie ansah. Eine Ausnahmeerscheinung bildet in gewisser Weise der sagenhafte Basilisk, der einst einem von einer Kröte bebrüteten Hahnenei entschlüpft sein soll und dessen Blick ebenfalls töten kann, denn unter Tieren ist der mordende Blick eher selten. Er wird überwiegend Menschen unterstellt, häufig solchen, die ohnehin im Verdacht stehen, Hexerei zu betreiben, eher alte Frauen als alte Männer.

Manche Menschen sollen sogar einen dermaßen schädlichen Blick haben, dass sie andere durch bloßes Ansehen in Gefahr bringen – oft ohne es zu wissen und zu wollen.

Abwehrmaßnahmen

Schutz gegen den Schadenzauber des bösen Blicks versprechen Perlen, rote Bänder und Korallenketten.

Im Mittelalter bekämpfte man die gefährlichen Augenbeißer, also jene Hexen, die des bösen Blicks verdächtigt wurden, indem man ihnen die Stirn oberhalb der Augenbrauen mit einem Messer aufritzte.

Im Mittelmeerraum begegnen Menschen dem bösen Blickdurch eine Fingergeste, bei der man Zeigefinger und kleinen Finger ausstreckt. Dieses Abwehrzeichen soll sehr hilfreich sein.

Zur Magie der Völker zählt auch immer der Umgang mit Geistern und Dämonen. Diese werden in rituellen Tänzen, bei denen man schaurig-schöne Masken trägt, angerufen. Dabei tanzt sich der Magier oftmals in tiefe Trance.

Von magischen Ritualen und Symbolen

Inhalt und Sinn

Das Geheimnis vieler neuzeitlicher Geheimbünde wie den der Freimaurer oder des Druidenordens besteht in einem esoterischen Wissen, das sich im Wesentlichen hinter Symbolen und Ritualen verbirgt. Wer an deren Macht glaubt, geht davon aus, dass Symbole eine bestimmte Realität vermitteln, eine Wahrheit, die sich nur im Märchen, im Mythos, in gnostischen Parabeln, Symbolen, Bildern, Ritualen oder in Traumbotschaften ausdrücken lässt. Die Annahme, dass Symbole und Rituale überhaupt einen tiefen Wahrheitsgehalt besitzen, gehört zum zentralen Kern aller esoterischen Geheimbünde. Ihnen zufolge liegt die Wahrheit nicht in festgelegten Positionen, sondern in der Suche selbst. Häufig wird diese stete Suche bei den Freimaurern und anderen Geheimbünden in den immer wiederkehrenden Wanderungen, den so genannten mystischen Reisen, zum Ausdruck gebracht.

Magische Symbole ernst nehmen

Das jeweilige Symbol, das in einem Satz, in einem Wort oder auch in einer Geste enthalten sein kann, steht dem Ritual sehr nahe. Kleidungsstücke, bestimmte Farben, verschiedene Gegenstände sind Träger von Sinninhalten und werden in ihrer Bedeutung von Geheimbund zu Geheimbund unterschiedlich gewertet. Diese Symbole gelten folglich nur innerhalb des jeweiligen Systems, sodass für einen Freimaurer, einen Rosenkreuzer oder eine „moderne" Hexe die Interpretation eines Dreiecks oder einer symbolischen Sonne nicht identisch ist. Symbole werden in Hinblick auf ihre Wirkkraft absolut ernst genommen – nur so können sie reale Wirkungen zeitigen. Das so verstandene Symbol und Ritual beansprucht den ganzen Menschen und ist mehr als die Kenntnis von „Spielregeln".

Auf der Ein-Dollar-Note ist das allsehende Auge abgebildet, das die Spitze einer Pyramide bildet. Das Symbol stammt ursprünglich von den deutschen Illuminaten und wurde von den Freimauern übernommen, von denen einige zu den Gründervätern der USA zählten.

Dass sich Wesentliches hinter Symbolen und Ritualen verbirgt, gehört zum Wissen aller Geheimbünde. Sie gehen davon aus, dass Symbole die Realität erheblich erweitern. Das gilt auch für den hier abgebildeten Totenkopf auf einem Grabstein.

Der altägyptische Gott Osiris wurde von zahlreichen Magiern angerufen. So behauptete auch Aleister Crowley, sich durch ein bestimmtes Ritual mit Osiris vereinen zu können.

Die Magie des Rituals

Das Ritual ist eine heilige Handlung, die nur derjenige ganz und gar begreift, der sie innerlich nachvollzieht. Insofern kann auch das Ritual nicht an Unwissende verraten werden, anders ausgedrückt: Die Kenntnis von „Fahrplänen" allein setzt noch keinen Zug in Bewegung. Das Ritual wird immer ernst und feierlich abgehalten. In seiner mehr oder weniger ständigen und vor allem gleichen Wiederholung liegt die Kraft der in ihr enthaltenen Magie. Häufig besteht ein magisches Ritual aus einem langen Text oder Gedicht, gefolgt von verschiedenen Anrufungen (Invokationen) von Elementargeistern und einem ausführlichen Schlussteil (Peroration). Diese Anrufung der Elementargeister (Sylphen, Salamander, Gnome und Undinen) kann wie beim „Ritual des Ungeborenen Geistes" 70–80 Minuten dauern.

Das „Bornless-Spirit-Ritual"

Den Schluss des von Aleister Crowley so gern praktizierten „Bornless Spirit Rituals" bildet eine große Anrufung oder Peroration: „Ich bin Er! Der Ungeborene Geist, der mit den Füßen sehen kann. Stark und das Unsterbliche Feuer! Ich bin Er, die Wahrheit! Ich bin Er, der hasst, der Böses in der Welt wirkt! Ich bin er, der blitzt und donnert! Ich bin Er, dessen Mund allzeit Feuer speit! Ich bin Er, der Erzeuger und Offenbarer des Lichts! Ich bin Er, die Gnade der Welt! Das von der Schlange umgürtete Herz ist mein Name." (3)

Mit diesem Ritual wird der altägyptische Gott Osiris beschworen, der sich mit dem Magier vereint, wodurch dieser Macht erhält. Das Licht des Gottes springt gleich-

Zauberwesen wie diese Sirene findet man an vielen Kirchen im Westen Europas. Für die Menschen des Mittelalters war die Natur von übernatürlichen Wesen wie Elfen, Gnomen und Kobolden bevölkert.

Das gefährliche tibetische Chöd-Ritual bewirkt, dass man sich von seinen falschen Ich-Vorstellungen radikal trennt. Das geschieht, indem man alle bösen Geister herbeiruft und ihnen den eigenen Körper zum Fraß vorwirft.

sam auf ihn über. Dahinter steckt die Vorstellung, dass sich der Magier mithilfe von Ritualen mit allem Leben in Raum und Zeit vereinigen kann. Ekstase und Illumination, die geistige Erleuchtung, sind das wahre Ziel.

Das gefährliche Chöd-Ritual

Wie gefährlich einige in der Zauberliteratur beschriebene Rituale sein können, zeigt das tibetische Chöd-Ritual, das Alexandra David-Neel (1868–1969) praktiziert hat. Die unerschrockene Forscherin hat sich während ihres 14-jährigen Aufenthalts in Tibet eingehend mit dem dortigen Okkultismus beschäftigt.

Mithilfe des Chöd-Rituals soll sich der Suchende von seinen falschen Ichvorstellungen ein für allemal „abschneiden" – und das ist tatsächlich so radikal gemeint, wie es klingt: Indem man alle bösen Geister herbeiruft und ihnen seinen Körper zum Fraß vorwirft. Der lamaistische Chöd-Ritus wird in meditativer Versunkenheit praktiziert, wobei man sich den eigenen Körper als fett und hässlich vorstellt, als den Haken, an dem man alle seine Begierden aufhängt. Anschließend visualisiert man eine bestimmte Weisheitsgöttin, die dem Körper den Kopf abschlägt und den Rest in Stücke hackt. Das Ganze wird in der eigenen Schädelschale geworfen, die man wie einen Kochtopf aufs Feuer setzt. Das unvorstellbare astrale Licht, das von diesem Opfer ausgeht, lockt die verschiedensten Geister an. (Im Spiritismus werden Geister immer durch ein von der Seele ausgehendes Licht angelockt.)

Das Chöd-Ritual verlangt große Selbstdisziplin und einen starken Charakter. Es wird meistens auf Friedhöfen und Begräbnisstätten ausgeübt und gilt als eine gefährliche magische Praktik, die, falsch praktiziert, zu psychischen Störungen führen kann.

Magische Praktiken der Germanen

Die Magie von rechts und links

Die Germanen unterschieden eine ganze Reihe von Zauberpraktiken: Spruchzauber, Runenzauber, Fruchtbarkeitszauber, Wahrsagezauber, Schmähzauber, Heilzauber, Schadenzauber und Todeszauber. Zu den ältesten Zauberhandlungen zählt sicherlich der Wetter- und Regenzauber. Über ihn erfahren wir Näheres aus einer mittelalterlichen Textsammlung, in der die alten germanischen Zauberrituale verzeichnet sind: „Tatest du, was gewisse Frauen zu tun pflegen? Wenn sie Regen benötigen und keinen haben, sammeln sie mehrere Mädchen und erwählen daraus eine kleine Jungfrau gewissermaßen zur Anführerin. Sie entblößen sie und führen die Nackte außerhalb der Siedlung an einen Ort, wo sie Hyoscamus (Bilsenkraut) finden. Sie lassen sie dieses Kraut mit dem kleinen Finger der rechten Hand ausreißen und das entwurzelte Kraut an der kleinen Zehe des rechten Fußes mit irgendeinem Band befestigen … Zuletzt führen sie besagte Jungfrau, nackt, wie sie ist, und die Füße nach Art des Krebses aufsetzend und bewegend, an den Händen vom Fluss zur Siedlung zurück.“ (4)

Es fällt auf, dass Links und Rechts eine besondere Rolle zukommt. Bei den Kelten und Germanen war die rechte Seite die Licht- und Lebensseite, die linke die Schatten- oder Todesseite. Aus diesem Grunde darf das Germanenmädchen nur seine rechte Hand zum Pflücken benutzen, damit die Kräfte des Lichts wirksam werden. Die Einnahme des Bilsenkrauts erzeugt akustische Halluzinationen, die stark an das Rauschen des Regens erinnern. Der Krebsgang verläuft rückwärts, wodurch der Zauber nicht umgekehrt und damit unwirksam wird. Diese Rituale entfalten ihre magische Wirkung, indem sie das Gewünschte gleichsam programmieren – durch das ewig gleiche Ritual.

Solche steinzeitlichen Gräber – *Tumulis* genannt – bildeten Eingänge ins Reich der Verstorbenen, aber auch zu übernatürlichen Wesen wie beispielsweise den Elfen. An solchen Plätzen wurden bevorzugt magische Rituale praktiziert.

Todeszauber

Welch große Bedeutung der exakten Ausführung magischer Praktiken beigemessen wird, zeigen Texte zum Todeszauber. So werden beispielsweise Frauen beschrieben, die versuchen, ihre Männer oder Feinde zu töten, indem sie Weizenkörner in der Mühle rückwärts gegen den Lauf der Sonne mahlen. Dann backen sie daraus Brot, von dem die Männer essen. Dem liegt die Vorstellung zugrunde, dass ein linkswendiges Mahlen den Tod heraufbeschwört, weil die Lebenskräfte durch die linke Seite schwinden und schattenhaft werden. Die linke Seite ist das Böse, dasjenige, was den Lauf des Lebens hemmt. Sobald aber etwas bewusst rechtsseitig hergestellt wird, dient es der Stärkung – sei es der Liebe, des Lebens oder der Gesundheit. Parallelen zu diesem Phänomen lassen sich in der modernen Hirnforschung ausmachen: Sprachliche Fähigkeiten sollen verstärkt werden, wenn wir den Kopf nach rechts drehen – wodurch die linke Gehirnhälfte besser durchblutet wird. Umgekehrt werden räumliche Fähigkeiten durch eine Kopfdrehung nach links (= Aktivierung der rechten Hemisphäre) gesteigert.

Fruchtbarkeits- und Liebeszauber

Fruchtbarkeits- und Liebeszauber waren zu allen Zeiten von höchster Bedeutsamkeit. Beim germanischen Fruchtbarkeitszauber wurden befruchtete Eier in der Erde vergraben, damit deren Fruchtbarkeit auf den kargen Boden übergeht. Mit einer frischen Rute pflegte man Felder, Bäume, Tiere und Menschen zu schlagen, wodurch die Triebkraft der Rute auf diese übertragen werden sollte. Dem Liebeszauber lag die Vorstellung zugrunde, dass Blut als Seelensubstanz oder Träger des Lebens wichtiger Bestandteil jeglicher Form von Magie ist; wer also sein Blut mit dem eines anderen Menschen vermischt, der wird magisch an ihn gebunden. Deshalb mixte manch eine germanische Frau ihr Monatsblut unter das Essen oder ins Getränk eines Mannes, um seine Liebe zu steigern oder zu entfachen.

Odin reitet auf seinem achtbeinigen Pferd Sleipnir. Der germanische Gott zeigt sich in verschiedenen Gestalten: als Dichtergott, Totengott, Kriegsgott, Gott der Magie, der Runen und der Ekstase.

Feng-Shui ist die asiatische Form der westlichen Geomantie. Wenn ein Haus errichtet werden soll, ist einmal zu klären, ob Erdgeister die betreffende Stelle überhaupt gutheißen.

Geomantie – Die Kunst der Erdweissagung

Eine neue alte Kunst

Ursprünglich bezeichnete der Begriff der Geomantie das Wahrsagen mit Hilfe von Geräuschen aus dem Erdinneren, etwa bei Erdbeben. Die Geomantie ist die westliche Entsprechung des fernöstlichen Feng-Shui, war aber zumindest in Europa in den letzten 200 Jahren fast vollständig in Vergessenheit geraten.

Die moderne Esoterik hat die Geomantie wieder ins Bewusstsein der Menschen gebracht. Hier bezeichnet der Begriff allerdings das Wissen von den Kraftlinien und Kraftorten der Erde, die selbst als lebender Organismus, als Mutter Gäa, begriffen wird. Diese Kraftlinien werden Ley-Linien genannt und man glaubt, dass sie die Erde wie Nervenbahnen durchziehen.

Ähnliche Vorstellungen hatten vermutlich auch unsere Altvorderen, etwa die keltischen Druiden; insofern bleibt Geomantie der Begriff für eine alte Wissenschaft, mit der es den Menschen in früheren Zeiten und Kulturen gelang, in Einklang mit der Natur und deren unsichtbaren Kräften zu leben.

Wünschelrute und Erdstrahlen

Eine wesentliche Voraussetzung für die Vorstellung, in Einklang mit der Natur zu sein, ist die Fähigkeit, die Qualitäten eines Ortes zu erspüren und die Gesetzmäßigkeiten der Natur zu erkennen, was u. a. mit der Wünschelrute geschieht. Man hat zudem herausgefunden, dass eine große Zahl von alten Kirchen und Kultplätzen, Menhiren und Hünengräbern geographisch auf einer geraden Linie liegen. Erfahrene Geomanten erkennen anhand dieser Linien die Beschaffenheit der Vegetation: Tanne oder Fichte fliehen Strahlen, Holunder, Brennnessel oder Haselnuss suchen Strahlen – gemeint sind Erdstrahlen, die man allgemein als schädlich ansieht. Sie entstehen durch Wasser- und Erzadern, die sich unterirdisch kreuzen.

Was will die Geomantie?

Nach Auffassung heutiger Geomanten und Wünschelrutengänger ist die ursprünglich wohl selbstverständliche Verbindung aller Menschen zu den feinstofflichen Welten und der Natur im Laufe der Entwicklung des Christentums mehr und mehr verschüttet worden, irgendwann war das Wissen der Geomantie schließlich nur noch wenigen Eingeweihten zugänglich, wurde nur noch von ihnen genutzt, gehütet und bewahrt. Mit Hilfe der wieder entdeckten Geomantie sei es also erneut möglich, mit der Erde und der Natur in Harmonie mit ihren vorhandenen Mustern und Rhythmen zu leben, zu arbeiten, zu gestalten, zum Wohle aller Beteiligten. Geomantie könnte man mit „Gespür für die Erde" übersetzen. In Japan ist Feng-Shui eine angesehene Wissenschaft, die dort kein Bauherr außer Acht lässt. Das neuzeitliche Gefühl des Getrenntseins von der Natur soll überwunden werden, indem man die Wechselwirkungen zwischen Mensch, Erde und Kosmos erfährt und die ganze Lebendigkeit und Göttlichkeit der Erde erlebt und begreift.

Geomantie und Erdheilung

Die moderne Geomantie will heilend wirken – ein bekanntes Stichwort ist die „Erdheilung", bei der u. a. die Architektur als Gestaltung unserer Lebensräume eine wichtige Rolle spielt. Einfühlsame Gestaltung achtet die feinstofflichen Kräfte eines Ortes, erhält seine Lebendigkeit oder stellt sie wieder her.

Zusätzlich können Farben und Formen, Maße und Maßverhältnisse, Symbole und Materialien, richtig eingesetzt, die Verbindung zum Himmel und zur Erde stärken, Ungleichgewichte ausgleichen und ganz einfach vitalere und harmonischere Räume schaffen. Dazu lädt man sich einen erfahrenen Geomanten ein, der das Haus oder den Garten nach diesen Prinzipien neu gestaltet.

Das neuzeitliche Gefühl des Getrenntseins von der Natur wird durch Feng-Shui überwunden. Ein spezieller Kompass hilft herauszufinden, inwieweit ungünstige Wechselwirkungen zwischen Mensch, Erde und Kosmos umgangen werden können.

Das chinesische I-Ging

Geschichte und Herkunft

Das I-Ging, auch als „Buch der Wandlungen" bezeichnet, ist die älteste überlieferte Schrift über Philosophie, Kosmologie und Prophezeiungen in China. Die Anfänge des Werks gehen zurück bis auf die Wende vom 2. zum 1. Jahrtausend v. Chr., doch die Faszination dieses Wahrsagebuchs ist bis heute ungebrochen. Im Buch „Die innere Struktur des I-Ging" von Lama Anagarika Govinda heißt es: „Die erstaunlichste Eigenschaft des ‚Buches der Wandlungen' besteht darin, dass es nicht nach dem Unwandelbaren und Ewigen sucht, sondern dass es den Wandel selbst zum Grundprinzip des Universums erklärt." (5) Die Chinesen packten sozusagen den Stier bei den Hörnern und entdeckten das Ewige im Wechsel. Nichts bleibt, wie es ist, und das ist auch gut so. „Alles fließt", sagte bereits der griechische Denker Heraklit. „Denn wir sind alle sterblich, solange wir den Tod fürchten, sind aber unsterblich, sobald wir uns dem ewigen Rhythmus des Universums, in dem wir leben, hingeben", heißt es bei Govinda. (5)

Geheimnis des I-Ging

Grundlage des Buches bildet die Polarität, der Gegensatz der beiden Prinzipien Yin (weiblich) und Yang (männlich). Aus dem Zusammenwirken dieser beiden Hauptprinzipien des Kosmos entstehen alle Dinge und alle Ereignisse. Aus dem Zusammenwirken von Yin und Yang kann zugleich das Wesen des Menschen erklärt werden. Yin wird im „Buch der Wandlungen" durch eine unterbrochene und Yan durch eine durchgezogene Linie dargestellt. Kombiniert man diese beiden Prinzipien durch chinesische Schriftzeichen zu Dreiergruppen ergeben sich acht grundsätzliche Möglichkeiten, die so genannten acht Trigramme des I-Ging.

Die asiatischen Religionen entdeckten das Ewige im Wechsel, denn nichts auf der Welt bleibt, wie es ist. Sie berufen sich auf das „Buch der Wandlungen", die älteste erhaltene philosophische Schrift Chinas.

Die Trigramme des I-Ging

Zahl	Name	Funktion	Bild	Motiv	Zeichen
1	Sun	Empfinden	Wind/Gras	Das Sanfte	
2	Li	Denken	Holz/Feuer	Das Haftende	
3	Dui	Fühlen	See	Das Heitere	
4	Kun	Wollen	Erde/Höhle	Das Empfangende	
5	Gen	Körper	Berg	Das Stillehalten	
6	Kan	Seele	Fluss	Das Abgründige	
7	Dschen	Geist	Donner/Blitz	Das Erregende	
8	Kiën	Gewahrsein	Himmel	Das Schöpferische	

Praxis des I-Ging

Das „Buch der Wandlungen" ist eine Sammlung von Orakeltexten, die nur Sinn ergeben, wenn sie auf eine bestimmte Frage bezogen gelesen werden. Man sollte das Orakel also nur verwenden, wenn man wirklich vor ungelösten Fragen steht. Das Orakel wird befragt, indem man entweder 50 Stängel der Schafgarbe nimmt und diese insgesamt 18 Mal wirft oder sechs Würfe mit jeweils drei gleichen Kupfermünzen macht. Hierbei wird der Wert jedes Wurfs notiert – Kopf hat den Wert 3, Zahl den Wert 2 – und daraus von unten nach oben ein Hexagramm gebildet. Wenn alle Würfe getätigt wurden, bittet man das Orakel um Antwort, indem man die Angaben des I-Ging zu dem gebildeten Hexagramm nachliest.

Yang und Yin sind die beiden Grundkräfte, in die sich die universelle Lebenskraft aufspaltet: Yang ist männlich und Yin weiblich. Das richtige Zusammenspiel beider Kräfte führt zur Harmonie.

Die Kabbala, ursprünglich die jüdische Mystik, erfreut sich inzwischen auch im Westen wachsender Beliebtheit – das macht auch die zahlreiche Literatur zum Thema deutlich.

Die Kabbala

Ursprung und Bedeutung

Dem Wortsinn nach bedeutet Kabbala soviel wie „Überlieferung" – im Unterschied zur Thora, dem ersten der drei Teile umfassenden hebräischen Bibel, die eine unmittelbare Unterweisung durch Gott darstellt. Die Kabbala ist demgegenüber eine esoterisch-spekulative Richtung jüdischer Mystik.

Während der Gegenstand der Thora als schriftliche religionsgesetzliche Lehre der Wille Gottes ist, den ein frommer Jude zu befolgen hat, zielt die Kabbala auf die Ergründung von Gottes Wesen. Das klingt sehr abstrakt, aber die Kabbala nimmt für sich in Anspruch, eine verborgene Weisheit, einen Wissensschatz aller spiritueller Lehren zu liefern, mit dem sich alle Geheimnisse des Universums entschlüsseln und alle Fragen, die die Menschen quälen, beantworten lassen.

Vom Wesen der Kabbala

Die Grundlehren der Kabbala versuchen, das geheime Wesen Gottes zu erfassen und die kosmologische Struktur der Welt zu erkennen. Die Kabbalisten begreifen Gott als Kraft alles Wirklichen, wobei die spanischen Kabbalisten um Moses de León den Teufel als seinen mächtigen Gegenspieler betrachten. Auf wessen Seite sich nun der Mensch schlägt, bleibt ihm selbst überlassen.

Dem Eingeweihten bietet die Kabbala die Möglichkeit, Bindeglieder zwischen Mensch und Universum, zwischen Geschöpf und Schöpfer zu erkennen. Diese Bindeglieder werden als Kräfte oder Geister aufgefasst, mit deren Hilfe die Schöpfung auch vom Menschen geformt werden kann – allerdings nur, wenn er imstande ist, sie sich dienstbar zu machen. Hierzu müssen dann bestimmte Mächte wie Engel, Genien oder Dämonen angerufen

Der Sohar

Das grundlegende Text der Kabbala ist der „Sohar" (Erleuchtung), ein mystisches Lehrbuch aus dem 13. Jh., das höchstwahrscheinlich von dem spanischen Mystiker Moses Ben Schemtob de León (1250–1305) verfasst wurde und eine Zusammenfassung aller damals bekannten kabbalistischen Lehren liefert. In aramäischer Sprache geschrieben, der Sprache Jesu, umfasst das Buch 2400 eng beschriebene Seiten. In ihm geht es u. a. um die Hierarchie des Bösen, die so genannten unheiligen Sephiroth. Sie bilden einen scharfen Gegensatz zu den zehn göttlichen Sephirot, den „Emanationen" („Ausflüssen") Gottes, also dem, was aus dem unveränderlichen göttlichen Einen hervorgegangen ist und was dem Menschen Glück und Segen bringt. Diesen zehn Stufen gilt das vorrangige Interesse der Kabbala.

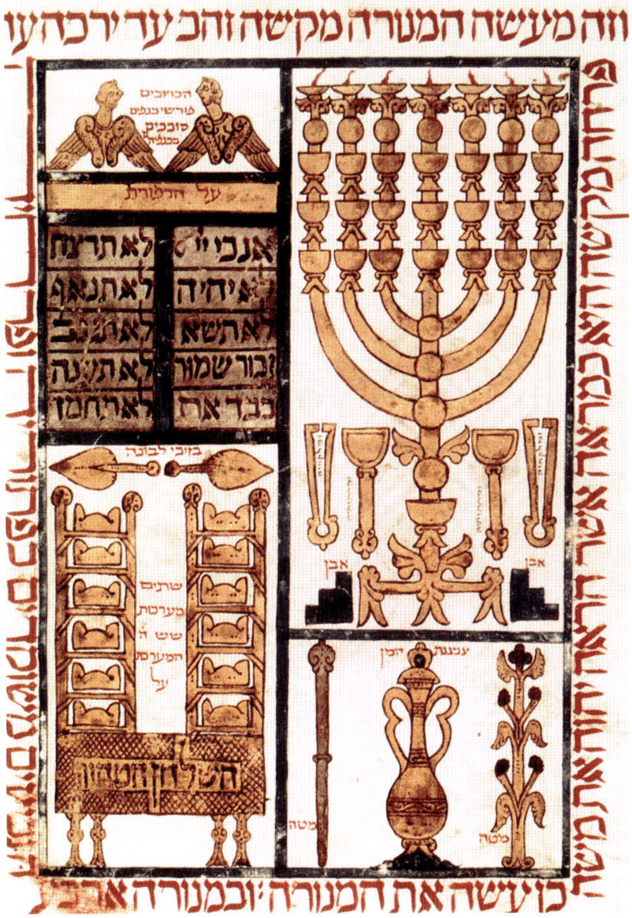

Rituelle Gegenstände des Judentums, darunter auch der siebenarmige Leuchter, die Menorah, die im Jahre 70 n. Chr. von den Römern nach der Zerstörung des Tempels von Jerusalem nach Rom gebracht wurde und seither verschollen ist.

werden. Das Pentagramm-Ritual (vgl. die Ausführungen zu Aleister Crowley und dem „Order of the Golden Dawn", S. 66ff. und 85ff.) ist eine solche Beschwörung, bei der Dämonen durch magische Anrufungen (Evokationen) erweckt werden, um sie sich dienstbar zu machen.

Durch Namen und Symbole, heißt es im Sohar, werden alle Mächte des Universums geweckt bzw. wiedererweckt. In der Kabbala gibt es 22 Kräfte der Schöpfung (die Buchstaben des Alphabets), die sowohl in schriftlicher als auch mündlicher Form die Energien des Universums erfassen und nutzbar machen.

Die Kabbala nimmt für sich in Anspruch, einen Wissensschatz aller spirituellen Lehren zu liefern, mit dem sich alle Geheimnisse des Universums entschlüsseln und alle Fragen, die die Menschen quälen, beantworten lassen.

Die Thora ist das heilige Buch Gottes, das nicht mit bloßen Händen angefasst werden darf. Überzeugt davon, dass Gott Hebräisch spricht, macht sich der Kabbalist die magische Kraft nutzbar, die dem einzelnen Buchstabe innewohnt.

Gematria oder praktische Kabbala

Zu den Sephiroth gibt es eine schöne Anekdote, die die Möglichkeiten der Gematria, der Anwendung kabbalistischen Wissens, aufzeigt. Dabei muss man wissen, dass in der Gematria jeder hebräische Buchstabe einen bestimmten Zahlwert erhält. Deshalb ist es möglich, Wörter mit dem gleichen Zahlwert, der sich aus der Addition der Zahlwerte der einzelnen Buchstaben ergibt, auszutauschen und so eine Textstelle mit einem geheimen Sinn zu versehen. Dieses System kann man selbstverständlich auch auf andere Alphabete oder Sprachen übertragen, wenngleich die Kabbalisten davon überzeugt sind, dass Gott hebräisch spricht!

Der erste Buchstabe des hebräischen Alphabets ist das Aleph. Jeder Buchstabe in diesem Alphabet ist ein Instrument der Kraft. In der Tat bedeutet das hebräische Wort für Buchstabe soviel wie „Puls" oder „Schwingung".

Beispiele kabbalistischer Verfahren und die Deutung von „Amen"

Für die Kabbalisten ist Gott die „Eins", weil er Ursprung und Anfang von allem ist. „Eins" heißt auf hebräisch „achad". Das Wort buchstabiert sich wie folgt: Aleph (1) + Cheth (8) + Daleth (4). Addiert man den Zahlenwert der drei Buchstaben, so ergibt sich die Zahl 13. Das Wort „ahavah" bedeutet Liebe und buchstabiert man so: Aleph (1) + Heh (5) + Beth (2) + Heh (5). Der numerische Wert der Buchstaben ist ebenfalls 13. Daraus folgert der Kabbalist, dass Liebe und Einheit wesensgleich sind. Mehr noch: Addiert man beide Zahlen, erhält man mit 26 den numerischen Wert von YAHWE = Gott.

Die zu Anfang erwähnte Anekdote in Bezug auf die Sephiroth betrifft das lateinische Wort „Amen". Ursprung und Sinn dieses Wortes, das sowohl Juden wie Christen benutzen, liegen im Dunkeln. Gewöhnlich übersetzt man es mit: „So sei es!" Für die Kabbalisten ist „Amen" jedoch von jeher eine beschwörende Bitte, eine Aufforderung an Gott. Die hebräischen Buchstaben dieses Wortes lauten Aleph, Mem und Nun und sind gleichzeitig die Anfangsbuchstaben dreier hebräischer Wörter, die mit Gott in Verbindung gebracht werden. Die Übersetzung der Kabbalisten wäre demnach „Herr, getreuer König!" – der kabbalistische Sinn von „Amen": Sein Zahlwert ist 91, Quersumme 10. Das wiederum bezieht sich auf die zehn Sephiroth, also auf Gott selbst.

Die zehn „Stufen" Gottes

Sephirot ist einer der wichtigsten Grundbegriffe der Kabbala, welcher die zehn Eigenschaften des verborgenen Gottes, des Absoluten, des Höchsten, genannt „En Soph", bezeichnet.
Man stellt sich die zehn Sephirot als Baum vor. Gemeint sind mit ihnen die Stufen des göttlichen Seins, wodurch die verborgene Welt des Absoluten, also Gott, sichtbar wird. Die einzelnen Stufen (Sephirah) des kabbalistischen Baumes heißen von oben nach unten:

Kether	=	„Krone" der Gottheit
Chockmah	=	„Weisheit" oder Uridee Gottes
Binah	=	„Intelligenz" Gottes
Chesed	=	„Liebe" oder „Gnade" Gottes
Nezach	=	„beständige Dauer" Gottes
Hod	=	„Majestät" Gottes
Jesod	=	„Grund" aller wirkenden und zeugenden Kräfte Gottes
Malkuth	=	„Grund" Gottes

Tiphereth oder Rachamim = „Barmherzigkeit"

Diese zehn Sephiroth bilden den mystischen Lebens- oder Weltenbaum. Die Kräfte der Sephiroth existieren auch im einzelnen Menschen. Die einzelnen Glieder des menschlichen Körpers sind Abbilder eines inneren, spirituellen Seins, das symbolisch durch Adam Kadmon, den ersten Menschen, dargestellt wird.

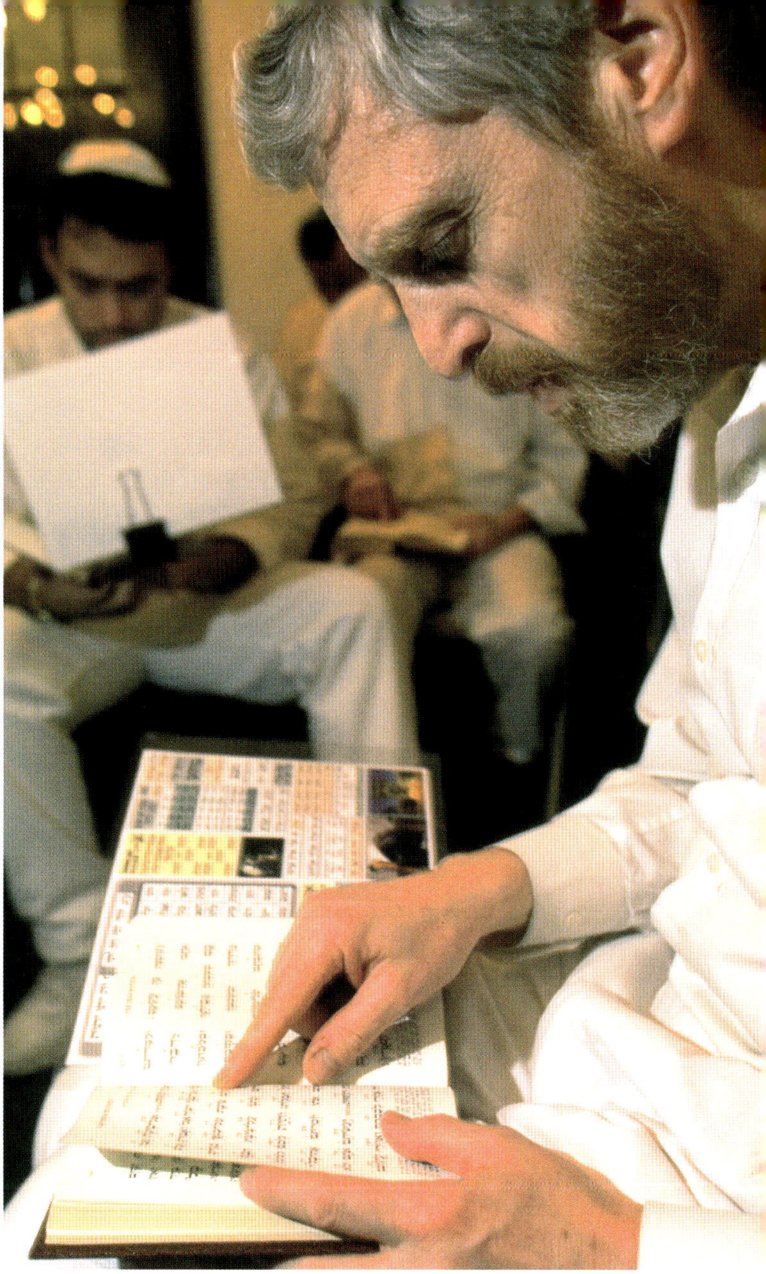

Im Buch Jezira wird der Entstehung der Welt und des Menschen erzählt. Wer in den Besitz dieses Wissens gelangt, der kann, so behaupten die Kabbalisten, an die Quelle des Seins, zu Gott selbst, gelangen.

Numerologie und Dämonenexorzismus

Numerologie und Kabbala

Die Numerologie, die Lehre von der mystischen Bedeutung der Zahlen, gründet ursprünglich auf dem hebräischen Alphabet, bei dem jeder Buchstabe einen Zahlwert hat. Der griechische Dichter Terentianus Maurus (um 200 n. Chr.) „bewies" mit den Mitteln der Numerologie, dass sein Erzfeind Thamagoras noch schlimmer sei als die Pest (griech. *loimos*), denn Thamagoras habe den Zahlwert 425, *loimos* dagegen nur 420. So lässt sich auch mit Zahlenmagie umgehen!

Numerologie im Alltag

Die moderne Numerologie beschäftigt sich aber nicht nur mit den Zahlenwerten von Namen, sondern versucht auch anhand der Geburtsdaten eines Menschen Aussagen über dessen Charakter und weiteren Lebensweg zu treffen. Einen solchen Weg geht beispielsweise der Okkultist Louis Hamon, bekannt als Cheiro (1866–1936), zugleich Meister der Handlesekunst. Dabei wird das Tagesdatum der Geburt zur Schlüsselzahl, wobei dieses Schicksal nur angenommen, nicht aber verändert werden kann. Die Zahl des Namens dagegen charakterisiert sein spirituelles Wesen. Lebensrhythmen lassen sich numerologisch voraussagen, indem man zum Geburtsjahr dessen Quersumme addiert. Für jemanden, der 1958 (Quersumme 23) geboren wurde, wird laut Numerologie das Jahr 1981 große Bedeutung haben, ebenso dann das Jahr 2004 usw.

Kabbala und Dämonologie (Legemeton)

Nach christlicher Vorstellung sind die Dämonen die „Söhne Gottes", gefallene Engel, die sich mit den Töchtern der Menschen vermischten und von Gott verstoßen wurden. Dazu hatte diese Engel der Teufel angestiftet, der damit Anführer eines großen, dunklen Reiches wurde. Im Neuen Testament wird berichtet, dass Jesus zahlreiche Dämonen austreibt, die von einem Menschen Besitz ergriffen hatten, z. B. im Lukasevangelium (Kapitel 11, Vers 14): „Und er trieb einen Dämon aus, und dieser war stumm. Als der Dämon ausgefahren war, geschah es, dass der Stumme redete. Das Volk aber staunte."

Im jüdischen Glauben existieren diese Dämonen nach wie vor. Als besonders gefährlich gelten die Nächte des Mittwochs und des Sabbats, da in dieser Zeit 18 000 Dämonen umgehen.

Eine wichtige Quelle zur Abwehr bzw. Austreibung von Dämonen ist das Buch „Lemegeton". Diesen alten magischen Text haben die Israeliten einst aus Ägypten mitgebracht, er ist auch unter dem Namen „Kleine Schlüssel Salomons" bekannt. Bei Mitgliedern des „Order of the Golden Dawn" wird diese einleitende

Zahlen sind für die Numerologen der Schlüssel zu unserem Wesen und unserem Lebensverlauf.

Auch Hollywood nimmt sich des Themas Exorzismus an: Der Film „Der Exorzist" beruht auf einer wahren Begebenheit.

Anrufung auch als eigenständiges Ritual unter dem Namen „The Bornless Ritual" („Das Ritual des Ungeborenen") praktiziert; dort wird allerdings der gegenteilige Zweck bewirkt: Die Dämonen sollen nicht ausgetrieben, sondern herbeigerufen werden.

Ein uralter Dämonenexorzismus

Bevor man den Dämonenexorzismus ausübt, schreibt man die Namen der einzelnen Dämonen auf ein Blatt Papier und spannt es von Schläfe zu Schläfe über die Stirn. Nach Norden blickend, ruft man die einzelnen Namen an und spricht laut und deutlich: „Unterwirf mir alle Geister, damit mir wahrlich gehorsam ist jeglicher Geist, ob himmlisch oder ätherisch, oberirdisch und unterirdisch, zu Land und zu Wasser sowie jede Fügung und jede Plage Gottes. Also wird mir jeder Geist gehorsam sein wie ein zahmes Tier!

Ich rufe Dich an, Akephalos, der Erde und Himmel bildete, der Nacht und Tag bildete, der Licht und Dunkel bildete.

Du bist OSORRONOPHRIS, den keiner je sah. Du bist JABAS. Du bist JAPOS. Du hast erkannt Recht und Unrecht. Du hast Weib und Mann geschaffen. Du hast hervorgebracht Saat und Frucht. Du hast die Menschen geschaffen, dass sie sich lieben und sich hassen. Ich bin MOSES Dein Prophet, dem Du Deine Mysterien übergeben hast, die ISRAEL vollzieht. Du hast hervorgebracht Feuchtigkeit und Trockenheit und jegliche Art von Nahrung. Erhöre mich, ich bin der Bote von PHAPRO OSORRONOPHIS: dieses ist Dein wahrer Name, überliefert den Propheten von ISRAEL. Höre mich an:

AR

THIAO : REIBET : ATHELEBERSETH: A

BLATHA : ABEN : EBEN : PHI: CHITASOE: IB

THIAO

Erhöre mich und wende diesen Geist ab. Ich rufe Dich an, den gewaltigen und unsichtbaren Gott im leeren All ..." (6)

Der Text ist im Original erheblich länger, nennt eine Vielzahl weiterer alter Götter und vermittelt – in rituellen Zusammenhängen vorgetragen – eine archaisch wirkende Atmosphäre. Und obwohl er ein Exorzismus ist, ist er doch auch ein höchst beeindruckender alter Zaubertext.

Die Kristallkugel dient zum Erschauen von Vergangenem und Zukünftigem und ist seit Jahrhunderten ein bewährtes Hilfsmittel für Wahrsagerinnen.

Die Kristallkugel

Anleitung zum Erschauen von Vergangenheit und Zukunft

Die Kristallkugel ist seit Jahrhunderten Hilfsmittel sowohl vermeintlicher Hexen als auch weiser Frauen. Sie zählt nicht zu den unheimlichen magischen Gegenständen, denn sie dient nur der Steigerung der Konzentrationsfähigkeit der Wahrsagerin und hilft bei der Visualisierung.

Zum Erschauen von Vergangenheit und Zukunft mit Hilfe einer Kristallkugel geht man folgendermaßen vor: Zunächst schafft man sich eine Umgebung, in der man nicht gestört wird. Ein fast dunkler Raum ist bestens geeignet – dazu eine Kerze zur Illumination. Mithilfe verschiedener magischer Handbewegungen führt man der Kugel nun Energie zu, anschließend blickt man höchst konzentriert hinein. Nach einiger Zeit erscheinen verschiedenfarbige Wolken in der Kugel oder zwischen Kugel und Betrachter.

Deutung des Geschauten

Für die Interpretation der verschiedenen Wolken als Antwort auf die der Kugel anfänglich gestellte Frage gibt es folgendes Grundmuster: aufsteigende Wolken werden als positive, sinkende als negative Antwort gewertet. Auch die Farben der Wolken liefern dem Betrachter Erkenntnisse: Schwarz: ungünstig, Weiß günstig, Erfolg, gute Aussichten, Gelb: Verlust, böse Überraschung, Arglist, Orange: Enttäuschung, Betrug, Verleumdung, Rot: Krankheit, Gefahr, Ärger, Übel aller Art, Violett, Blau, Grün: hervorragend, schöne Überraschung

Menschen, die im Umgang mit der Kugel sehr viel Erfahrung haben, behaupten, in der Kristallkugel sogar Bilder erkennen zu können, die nach und nach wiederum einen klareren Zusammenhang des Geschauten vermittelten.

Orakelkunst

Geschichte und Herkunft

Unter einem Orakel, etwa der weissagenden Pythia des griechischen Orakelorts Delphi, versteht man eine göttliche Offenbarung in Form eines Spruchs oder Zeichens. Die Pythia befand sich bei ihren Aussagen in Trance und wurde vom Gott ergriffen, der durch sie Wahres sprach bzw. Prophezeiungen machte. Im Altertum waren Orakel an einen Ort gebunden, wohin sich die Ratsuchenden wenden konnten. Bei den Römern gab es die Auguren, die aus den Eingeweiden getöteter Tiere oder aus dem Vogelflug Voraussagen über die Zukunft trafen, eine in vielen frühen Hochkulturen gesellschaftlich anerkannte magische Orakelkunst, die etwa auch von den Kriegsherren des Römischen Reichs eingesetzt wurde: Um den Ausgang einer Schlacht vorauszusagen und entsprechende Kriegstaktiken einzusetzen, studierte man das Verhalten eigens mitgenommener spezieller Hühnervögel.

Pythia von Delphi weissagte einst einem persischen König, der Griechenland erobern wollte, dass er durch seinem Angriff ein großes Reich zerstören würde. Der König sah sich daraufhin als Sieger des Krieges an, verlor allerdings am Ende sein eigenes Reich.

Christentum als Hemmnis für Weissager

Mit der Ausbreitung des Christentums in Europa wurde die Kunst des Wahrsagens zunehmend zugunsten christlicher Glaubensinhalte verdrängt. Andererseits findet man in christlichen Schriften und Heiligenlegenden zahlreiche Hinweise darauf, dass die Vogelweissagungskunst insgeheim weiterhin praktiziert wurde. Gregor dem Großen sollen angeblich Tauben zukünftige Dinge und verborgene Geheimnisse ins Ohr geflüstert haben. Von Franz von Assisi heißt es, dass er sich mit Vögeln verständigen konnte, was letztlich nur besagt, dass er die Kunst des Wahrsagens beherrschte, eine Kunst, noch heute bei vielen Naturvölkern praktiziert wird – und nicht nur dort: Auch in der westlichen Welt erfreuen sich Wahrsager großer Beliebtheit, wenngleich ihre Prophezeiungen doch häufig von zweifelhafter Qualität sind.

Im Tempel von Delphi saß die Pythia und wurde vom Gott ergriffen, der durch sie Wahres sprach. Heute weiß man, dass sie durch Dämpfe aus einer Erdspalte in Trance geriet und vermutlich Priester ihr die Worte einflüsterten.

Die Herkunft der Tarotkarten ist nicht zweifelsfrei geklärt. Fest steht, dass sie mit dem Auftreten des fahrenden Volks, dessen Herkunftsland Indien sein soll, im 13. Jh. nach Europa gelangten.

Tarot – Die Kunst des Kartenlegens und -lesens

Geschichte und Herkunft

Die berühmten Tarotspiele, die in den letzten Jahren mehr und mehr in Mode gekommen sind, bestehen aus 78 Karten, von denen 22 als die „Großen Arkana" und 56 als die „Kleinen Arkana" bezeichnet werden. Die Herkunft der Karten ist nicht zweifelsfrei geklärt. Fest steht, dass sich das Tarot mit dem Auftauchen des fahrenden Volks im 13. Jh. in Europa verbreitete. Historisch belegt ist zudem ein Verbot der Karten in der Stadt Bern im Jahre 1367. 10 Jahre später taucht das Spiel in Florenz unter dem Namen Naibb(i) auf, was im Sanskrit soviel wie „Mittelpunkt des Rades" bedeutet. Der Okkultist Gérald Analect Vincent Encausse, genannt Papus (1865–1916), war davon überzeugt, dass das Tarot aus dem Alten Ägypten stamme und das geheime Wissen der Priesterschaft wiedergebe. Zudem bedeutet im Ägyptischen „Ta" der Weg und „Ro" der König, also „Weg des Königs" oder „Königlicher Weg".

Das Rider-Waite-Deck

Das älteste erhaltene Spiel ist das Marseiller Blatt, vermutlich aus dem Jahre 1760. Die verbreitetste Version ist jedoch das so genannte Rider-Waite-Deck von Arthur Edward Waite aus dem Jahr 1910, gezeichnet wurden die Karten von Pamela Smith. Waite gehörte dem Orden des „Golden Dawn" an, sein Spiel basiert auf den Werken von Eliphas Levi (1810–1875), einem französischen Diakon und Schriftsteller, der als Begründer des modernen Okkultismus gilt (s. S. 70ff.). Insgesamt blieb Waite bei den alten Vorlagen, auch wenn er sein Tarot als „berichtigt" bezeichnet. Aleister Crowley (1875–1947) gab in den 40er-Jahren des 20. Jh. ein eigenes Tarot-Deck heraus, in Anlehnung an den ägyptischen Gott Horus. Crowley nahm Bezug auf den aus der Kabbala bekannten Lebensbaum – den zehn Sephiroth, den Emanationen Gottes (s. S. 40ff).

Große und Kleine Arkana

Das lateinische Wort „Arkana" ist die Mehrzahl von „Arkanum", „das Geheimnis". Die Großen Arkana bestehen aus 22 Trumpfzahlen mit den Nummern 0 bis 21. Die Kleinen Arkana bestehen insgesamt aus 4 Serien von je 14 Karten, die sich aus 10 Zahlenkarten und 4 Hofkarten (König, Königin, Ritter und Bube) zusammensetzen. In der Regel werden zum Wahrsagen und zur esoterischen Einweihung die 22 Großen Arkana verwendet. Vielen Magiern und Esoterikern gelten die 22 Großen Arkana als „Archetypen".

Was sind Archetypen?

Mit Archetypen sind nach dem Psychologen C. G. Jung (1875–1961) „Urbilder" bzw. „Ursymbole" gemeint, die aus dem kollektiven Unbewussten aufsteigen und sich in den Träumen der Menschen aller Kulturen und Zeiten widerspiegeln. Diese Archetypen beinhalten die kollektive (gemeinschaftliche) Erfahrung der Menschheit. Durch das Tarot und seine Deutung können solche archetypischen Inhalte erfahrbar gemacht werden. Tarotkarten stellen also eine Verbindung zwischen Bewusstsein und Unterbewusstsein her. Für die Kenner des Tarot ist dieses nichts weiter als eine Stimulation der im Wesen des Menschen verborgenen Möglichkeiten, die dieser durch Anwendung der 22 Großen Arkana aus der Tiefe seines Selbst ans Licht holen kann. Hierfür gibt es im Handel diverse Anleitungen.
Die 56 Kleinen Arkana werden in passive/gerade (Pokale und Münzen) und aktive/ungerade (Stäbe und Schwerter) eingeteilt und farblich den Tierkreiszeichen bzw. Monaten zugeordnet. Die vier Bilder werden als magische Grundsymbole gedeutet. So sind beispielsweise die Stäbe dem Element Feuer und den Sternzeichen Widder, Löwe, Schütze zugeordnet, die Pokale dem Element Luft und den Sternzeichen Zwilling, Waage und Wassermann.

Namentlich erwähnt werden die bunten magischen Tarotkarten zum ersten Mal in Florenz in der Toskana. Einige Forscher vermuten ihren Ursprung im alten Ägypten, weil man den Namen mit „Weg des Königs" *(ta ro)* übersetzen kann.

Das Tarot in der Praxis

Beim Tarotspiel werden die gezogenen Karten (4, 6 oder 10) nach bestimmten Systemen gelegt, wodurch sich Aussagen zu vom Spieler gestellten Fragen treffen lassen. Beim Legesystem „Kreuz“ werden die Karten von einem Spieler solange gemischt, bis der Frager, der über sich bzw. seine Zukunft etwas wissen will, ihn stoppt. Der erste Spieler zieht vier Karten heraus, legt sie offen wie ein Kreuz vor sich aus und benutzt dabei folgendes Schema:

Karte 1 (rechts) heißt: Das ist dein Thema/Frage.
Karte 2 (links) heißt: Das sollst du nicht tun.
Karte 3 (oben) heißt: Das ist der Weg.
Karte 4 (unten) heißt: Dahin führt er (Zukunft).

Das Rider-Waite-Deck aus dem Jahr 1910 ist das berühmteste Tarotkartendeck der Neuzeit. Gezeichnet wurde es von Pamela Smith, die später völlig verarmt in London starb. Arthur Edward Waite gehörte dem „Order of the Golden Down“ an.

Erkenntnis des eigenen Entwicklungspotenzials

Die beschriebene Vorgehensweise ist die einfachste und am häufigsten gespielte Variante, auf die sich auch Wahrsagerinnen gerne stützen. Als einer Möglichkeit zur Weissagung liegt dem Tarot die Vorstellung zugrunde, dass die Zukunft eines Menschen seinem Unterbewusstsein bereits bekannt ist. Man muss sie also durch das Tarot nur offen legen. Ebenso sind alle Entwicklungspotenziale, die einem Menschen innewohnen, durch das unbewusste Ziehen von Karten und ihrer anschließenden Deutung aufzuschlüsseln. Die jeweilige Bedeutung der einzelnen Karte liegt fest. Nun gilt es herauszufinden, was sie für den jeweiligen Frager bedeutet. Die Karte Nr. 13 etwa, „Der Tod“, meint nicht das physische Ende des Fragenden, sondern einen radikalen Neuanfang, eine Neuorientierung. Der „Gehängte“ wiederum steht für vollkommene Hingabe, für die Annahme des eigenen Schicksals.

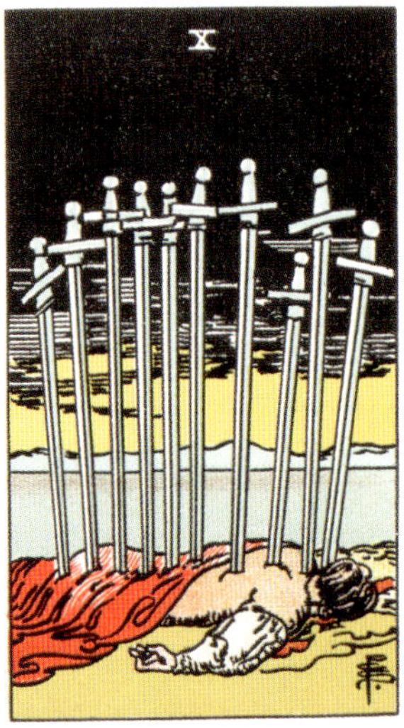

Odin, der oberste Gott der Germanen, galt als Meister der Runenmagie. Die altnordische Sagensammlung Edda überliefert, dass er sich die Runen ausdachte, während er verletzt an einem Baum hing.

Runenzauber

Geschichte und Herkunft

Runen sind germanische Schriftzeichen, deren Verwendung vom 2. Jh. bis zum Ende des 19. Jh. in weiten Teilen Europas, von Island bis Rumänien und vom Baltikum bis zum Mittelmeer, nachweisbar ist. Runen wurden ursprünglich nicht als Schreibschrift verwendet, sondern als Symbole in Holz, Knochen, Metall und Stein geritzt oder gestochen. Der Ursprung der Runen liegt nach wie vor im Dunkeln. Das als Futhark bezeichnete Alphabet wird nach seinen ersten sechs Buchstaben so genannt: F U TH A R K.

Die Magie der Runen

Runenzeichen finden sich auf Waffen und Amuletten, wobei sich jede einzelne Rune durch ihren eigenen Namen und einen damit verbundenen Begriff auszeichnet, was vor allem in magischen Texten von Bedeutung ist. Die drei wiederholten t-Runen (Tyr-Runen) sind beispielsweise als dreimalige Wiederholung des Namens Tyr, des alten germanischen Kriegsgottes, zu deuten. Die zweimalige Nennung Tyrs empfiehlt sich beim Ritzen von „Siegrunen"; die dreifache Ritzung der f-Rune (Fe-Rune) wiederum verspricht Besitz und Reichtum. Beim Schadenzauber wird R verwendet (Thurs-Rune), weil ihre dreifache Nennung für Schande, Irrsinn und Unrast sorgen wird. Odin ist der Gott der Runenmagie. Wer am besten Runen schneiden und ritzen konnte, galt als Runenmeister. Noch heute lassen sich viele Zeitgenossen von den magischen Runenzeichen verlocken, indem sie sich eine als Schmuckstück gestaltete Rune als Talisman oder Amulett umhängen.

Die Bronzefigur aus dem 9. Jh. soll einen Priester des Gottes Odin zeigen. Wer sich dem mächtigen Zaubergott verschrieben hatte, ritzte Runen gegen Krankheit und Tod, aber auch, um Unheil über andere zu bringen.

Thor gilt als Sohn Odins und ist der Verteidiger der Götter und Menschen gegen die bösen Mächte. Sein Hammer spielt in seinen Kämpfen die wichtigste Rolle. Vor ihm fürchten sich selbst die Riesen.

Runenalphabete

In der nordischen Mythologie hat der Gott Odin oder Wotan in seiner Selbstopferung, bei der er neun Nächte ohne Speis und Trank am windigen Baum hing, das magische Geheimnis der Runen ergründet. Insgesamt existieren drei Runenalphabete: Das germanische Futhark besteht aus 24 Zeichen, das angelsächsische Futhark aus 29 und das Futhark der Wikinger aus nur 16 Zeichen.

ᚠ	ᚢ	ᚦ	ᚨ	ᚱ	ᚲ	ᚷ	ᚹ	ᚺ	ᚾ	ᛁ	ᛃ
f	u	th	a	r	k	g	w	h	n	i	j
ᛇ	ᛈ	ᛉ	ᛊ	ᛏ	ᛒ	ᛖ	ᛗ	ᛚ	ᛜ	ᛟ	ᛞ
eu	p	z	s	t	b	e	m	l	ng	o	d

Das germanische Futhark besteht aus 24 Zeichen

Ein Beispiel für modernen Runenzauber

Man kann die Runen selbst zeichnen oder sie als Amulett in einschlägigen Geschäften kaufen. Sie sollten aus einem erdverbundenen Metall wie z. B. Zinn gefertigt sein, um die Energien dieses „Rituals der Erde“ leicht aufnehmen zu können.

Der Runenzauber wird in vier Schritten vollzogen:

1. **Purificatio (Reinigung):** Bevor die Rune mit Energie aufgeladen wird, bedeckt man sie mit Salz und bewahrt sie über Nacht an einem sicheren Ort auf, um sie von ihr anhaftenden Energieschwingungen zu reinigen.
2. **Preparatio (Vorbereitung):** Zunächst sollte man dafür sorgen, dass man ungestört ist. Ist das gewährleistet, verdunkelt man den Raum, bedeckt einen Tisch mit einem weißen Tischtuch und legt Räucherwerk, eine weiße Kerze und einen Kompass bereit. Die Kraft der Erdmutter fließt aus nördlicher Richtung – deshalb stellt man sich mit Hilfe des Kompasses so

vor den Tisch, dass man Richtung Norden blickt. Dann stellt man die Kerze und das Räucherwerk in die Mitte des Tisches, zündet beides an und legt die Rune in die Nähe der beiden.

3. **Potestatem Facere (Erlaubnis erteilen, Aufladung):** Man schließt die Augen und meditiert einige Minuten über die Bedeutung der Rune, wobei man die Hände über sie hält. Dann visualisiert man Folgendes: Die Kraft der eigenen Gedanken sollen vom Kopf herab, über die Schultern, durch die Arme und Hände in die Rune hinein und noch tiefer durch die Erde, in deren Inneres, durch das Reich der Wurzeln und Felsen bis tief ins Mark der Erdmutter hinabreichen. Dabei soll man die feurige Kraft des Erdelements fühlen und sie in den eigenen Körper hineinziehen. Sobald man die Wärme in seinen Armen und Händen spürt, fasst man die Rune an. Während man noch einmal über die Bedeutung der Rune nachdenkt, wird die Erdenergie von ihr aufgenommen, bis sie schließlich komplett aus dem eigenen Körper verschwunden ist.
4. **Salvatio (Rückführung):** Danach sollte man sich ein paar Minuten erholen und eventuell etwas essen, um schließlich den Körper in die diesseitige Welt rückzuführen.

Die Heilkraft der Runen

Mithilfe von Runen soll man angeblich auch bestimmte Krankheiten heilen können; es ist allerdings anzumerken, dass die medizinische Wirksamkeit bislang noch nicht bewiesen werden konnte.

FEHU	lindert Atmungsbeschwerden
THURISAZ	lindert Herzbeschwerden
ANSUZ	lindert Mund- und Zahnbeschwerden
RAIDO	lindert Beinbeschwerden
JERA	lindert Verdauungsstörungen
EIHWAZ	lindert Augenerkrankungen
ALGIZ	lindert Wahnsinn/Kopfschmerzen
DAGAZ	lindert Angstzustände, Niedergeschlagenheit
LAGUZ	lindert Nierenleiden und Erkrankungen des Harntrakts

Auch die Wikinger schätzten Thors Macht und Stärke. Ihre mit Symbolen verzierten Steine zeigen neben der so genannten Swastika (Hakenkreuz) sowohl Odin als auch das christliche Kreuz.

Ein Schamane ist Mittler zwischen Diesseits und Jenseits. In Trance wird sein Körper zur Wirkungsstätte der Götter und Geister.

Schamanismus – Der Flug in die Anderswelt

Was ist ein Schamane?

Ein Schamane ist Mittler zwischen Diesseits und Jenseits. Das Jenseits nennt er Anderswelt. Schamanen sind zudem Heiler, die davon überzeugt sind, dass unser Diesseits, unsere Alltagsrealität von „transintelligiblen" Kräften bestimmt wird, Kräften also, die außerhalb des Fassungsvermögens des menschlichen Verstandes liegen – nicht aber außerhalb der Reichweite der Seele! Seine Begabung erkennt der Schamane anhand besonderer Erfahrungen: Vorzeichen, Träume, Visionen, gesundheitliche Krisen. Nach der Initiation (Einweihung) erfolgt die oft jahrelange Lehre. Je nach Bedarf seiner Mitmenschen stellt der Schamane seine Kräfte als vermittelnder Helfer im Zustand der Ekstase oder Trance zur Verfügung. Schamanen sind wichtige religiöse Funktionsträger in der archaischen Kulturwelt der Jäger- und Sammlervölker – lange vor der Entstehung von Hochreligionen mit ihren priesterlichen Vermittlern, Propheten und Reformatoren.

Zur Herkunft des Wortes

Das tungusische Wort *shaman* scheint für das in Sibirien ansässige Volk der Tungusen so etwas wie ein Fremdwort zu sein, dessen Bedeutung von ihnen nicht klar angegeben werden kann. Seine Herkunft ist nicht eindeutig geklärt. Der Schamane findet sich in der klassischen Grundgestalt bei vielen Völkern des eurasischen Raumes, vor allem in Sibirien. Schamanen gibt es aber auch in Nord- und Südamerika, in Ozeanien, Australien, Afrika. Die regionalen Erscheinungsformen des Schamanismus sind zahlreich. Schamanische Elemente sind auch Bestandteil von Ritualen einiger Hochreligionen, z. B. im Exorzismus, in der Beschwörung, in Tauf- und Hochzeitsriten, aber auch bei Krankheit und Tod sowie beim Segnen von Vieh und Ernte. Der Schamanismus ist eine wichtige Grundlage jeglicher Magie, vor allem der Astralprojektion.

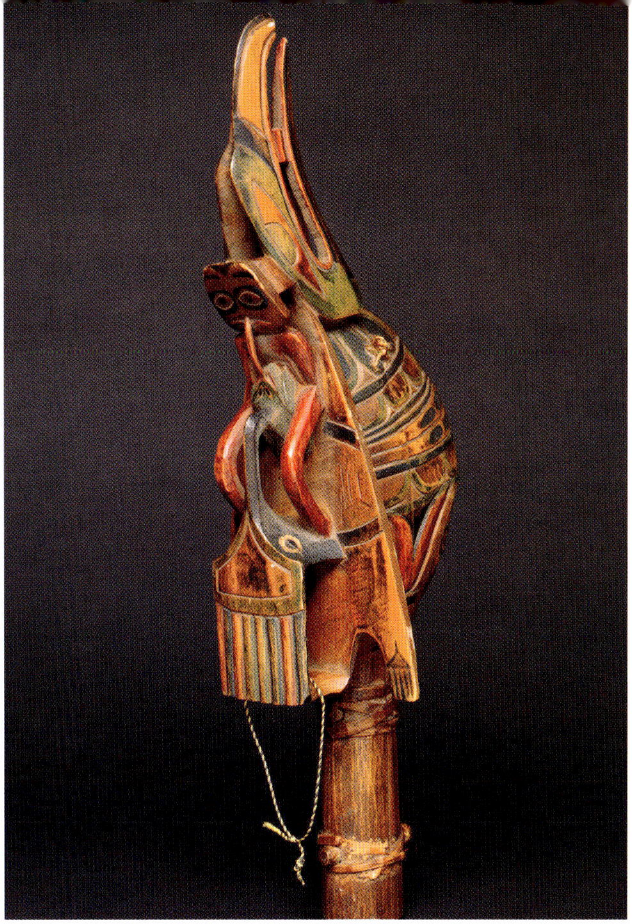

Der persönliche Schutzgeist des Schamanen ist sein wichtigster Helfer. Er wird in der Initiation „gefunden". Oft ist es der Geist der schamanischen Vorgänger, deren Funktion er nun zu übernehmen hat.

Die Ausrüstung des Schamanen: Trommel, Rassel, Maske

Der Schamane hat meist eine ganz besondere Ausrüstung. Trommel oder Rassel sowie bestimmte Kleidungsstücke sind für die Ausübung schamanischer Rituale unerlässlich. Die Kleidungsstücke müssen aus dem Fell oder Leder besonderer Tiere und mit besonderen Instrumenten hergestellt werden. Zum Teil werden auch mehrere Kleidungsstücke benötigt, je nachdem, wohin die schamanische Reise geht. Die Kleidung kann mit farbigen geometrischen Mustern und mit Symbolen (Tiere, Sonne, Mond, Sterne) bemalt sein. Oft ist sie mit Glocken, Schellen, Fransen, Metallstücken, mit Ketten, Masken (Darstellung des Schutzgeistes) behangen. Auf dem Kopf trägt der Schamane eine besondere Kappe, einen Helm, ein geweihartiges Metallgebilde oder auch Federn. Die Kleidung des Schamanen repräsentiert seine Verbindung mit der Geisterwelt.

Die Bedeutung der Trommel

In schamanische Ritualen kommen zahlreiche Gegenstände zum Einsatz: Schals, Seile, Teile von Tieren, Kerzen und Musikinstrumente (Trommeln, Rasseln, Saiteninstrumente, Glocken, Schellen). Das bedeutendste Instrument des Schamanen ist jedoch seine Trommel. Sie ist das Medium seiner Reise, wird gleichsam zu seinem Reittier, zum Pferd, Vogel oder Rentier. Die Trommel ist Repräsentant des Schutzgeistes und materialisierter Träger der schamanischen Macht. Die Herstellung und Belebung der Trommel ist ein bedeutender Abschnitt im Werdegang des Schamanen. Das Suchen des geeigneten Baumes (oft Birke oder Lärche), das Gewinnen des Holzes, ohne den Baum dabei abzutöten, das Zurichten der Trommelform (rund, eiförmig, oval), das Bespannen mit dem Fell eines bestimmten Tieres sind aufwändige heilige Akte. In der Weihe der Trommel gewinnt diese ihre machtvolle Seele. Schließlich bedarf es zum Flug in die Anderswelt noch der räumlichen Erhöhung: das kann ein Pfahl, ein Baum oder eine Leiter sein.

Im Bewusstseinszustand der Ekstase vollzieht der Schamane die so genannte Seelenreise, in der sich die Seele vom Körper löst. Die Seele geht also auf Reisen in die Anderswelt. So nennt er das Jenseits und den Ort der Geister.

Schutzgeist und Hilfsgeister
Der persönliche Schutzgeist des Schamanen ist sein wichtigster Helfer. Er wird in der Initiation gefunden, entdeckt oder erworben. Oft ist es der Geist der schamanischen Vorgänger, deren Funktion er nun zu übernehmen hat. Der Kulturstufe der Jäger und Sammler entsprechend, tritt der Schutzgeist häufig als Tier in Erscheinung. Diese so genannte Tiermutter ist die Verkörperung der schamanischen Kraft – eine totemistische Verbindung von Tier und Mensch. Menschliche und tierische Lebewesen bilden eine Sippe, sind miteinander verwandt und können sich ineinander verwandeln. Hilfsgeister, vielfach auch in Tiergestalt, können je nach Bedarf vom Schamanen und seinem Schutzgeist hinzugezogen werden. Sie können als Sendboten und als Kampfgefährten wirken.

Schamanische Aufgaben

Unter den zahlreichen Aufgaben des Schamanen ist das Heilen von Krankheiten eine seiner vornehmsten. Schamanen sind spiritistische Geistheiler, treten also im Zuge ihrer Heilungen mit Geistern in Kontakt.

Grundvoraussetzung für die erfolgreiche Behandlung ist zunächst die genaue Diagnose des Leidens, die der Schamane im Zustand der Ekstase stellt. Sie befähigt ihn gleichzeitig dazu, die Ursachen der Krankheit zu erkennen – und somit entsprechende therapeutische Maßnahmen einzuleiten. Die meisten Beschwerden erklärt der Schamane durch das Eindringen böser Geister in den Körper seines Patienten; sie müssen erkannt, eingeschätzt und durch Rituale gebannt werden.

Bei schamanischen Ritualen kommen neben Seilen, Teilen von Tieren, Kerzen und Musikinstrumenten wie Rasseln, Trommeln oder Schellen häufig auch die verschiedensten Steine zum Einsatz.

Auch das Heilen von Krankheiten gehört zu den Aufgaben eines Schamanen. Bevor das richtige Mittel zum Einsatz kommen kann, muss er zunächst den Geist identifizieren, der in den Patienten eingedrungen ist.

Krankheit und Seelenverlust

Gleichzeitig hat der Schamane festzustellen, was seinen Patienten so schwächte, dass böse Geister eindringen konnten, etwa eine Tabuverletzung oder schwarze Magie durch übel wollende Nachbarn, Hexer und Zauberer. Schwere Krankheiten mit Bewusstseinsstörungen werden meist als Seelenverlust gedeutet: die Seele wurde geraubt und entführt und der Schamane muss ihren Aufenthaltsort in der Anderswelt feststellen und sie zurückholen. Dazu unternimmt er im Zustand der Ekstase eine Reise in die Anderswelt – eine gefährliche Reise, dorthin, wo Geister und Dämonen herrschen.

Gewalt über die Geister

Der Schamane besänftigt die Geister, stimmt sie gütig oder wehrt sie ab. Seine übernatürliche Begabung befähigt ihn, Verlorenes wiederzufinden, seien es nun Gegenstände, Tiere oder Menschen, die sich verirrt haben. Der Schamane blickt in die Vergangenheit und Zukunft, er deutet Träume und Vorzeichen. In der Einweihung erfolgt das Eigentliche und Wesentliche der schamanischen Befähigung: die Übertragung der Kraft. Diese Kraft, diese Macht aus dem Inneren, ermöglicht es dem Schamanen, Diener der außermenschlichen, übernatürlichen Mächte zu sein und gleichzeitig diesen außermenschlichen Kräften gegenüberzutreten – ein überaus spannungsreiches Verhältnis: Der Schamane hat Einfluss auf und Gewalt über die Geister. Er kann sie kraft seines Willens beherrschen, lenken, herbeiholen, bannen. Allerdings nur, wenn sein Wille dazu stark genug ist. Dabei schickt er seine Seele auf die Reise. Sie tritt aus dem Körper aus, und er stellt seinen Körper den Geistern mit ihren übernatürlichen Kräften als Wirkstätte zur Verfügung – ein gefährliches Unterfangen, bei dem schon mancher Schamane wahnsinnig wurde.

Eine Voodoo-Priesterin in den USA. Aufgrund der christlichen Einflüsse unterscheidet sich der amerikanische bzw. karibische Voodoo in manchen Bereichen vom afrikanischen Ursprungsglauben.

Seelenreise in die Anderswelt

Im Bewusstseinszustand der Ekstase vollzieht der Schamane die so genannte Seelenreise, in der sich die Seele vom Körper löst. Die Seele geht also auf Reisen in die Anderswelt oder der zurückgebliebene entseelte Körper wird zur Wirkstätte des Schutzgeistes. Ist letzteres der Fall, steht der Körper des Schamanen somit als Medium zur Verfügung. Das sich oft über mehrere Stunden hinziehende Trommeln, Singen, Tanzen, Springen und Anrufen der Geister führt schließlich dazu, dass der Schamane den wilden, ekstatischen Höhepunkt der Trance erreicht, der in Bewegungslosigkeit und körperlicher Starre endet.

Neo-Schamanismus

In den 70er-Jahren des 20. Jh. lösten die Bücher des Ethnologen Carlos Castaneda weltweit Begeisterung und Neugier aus. Castaneda erzählt, wie er Schüler des mexikanischen Zauberers und Schamanen Don Juan wurde. Dieser weihte ihn in die Geheimnisse magischer Praktiken der Indianer ein. Im Mittelpunkt stehen dabei auch Drogen wie Peyote oder Meskalin, mit deren Hilfe die Schamanen seines Stammes in die Anderswelt gelangen. Eine Schülerin von Castaneda ist Florinda Donner, die in ihrem Buch „Die Lehren der Hexe" davon erzählt, wie wir unser Alltagsbewusstsein zugunsten eines allumfassenderen überwinden können. Florinda behauptet, dass wir etwa 60 cm unterhalb des rechten Schulterblatt, einen „Montagepunkt" besäßen, der durch Gewohnheit die alltägliche Wahrnehmung präge. Mithilfe schamanischer Erfahrung könne dieser „Montagepunkt" bewegt werden, wodurch sich völlig neue und andere Wahrnehmungsbereiche eröffneten. Der heutige Neo-Schamanismus und die „Schamanenworkshops" haben mit den heiligen Handlungen der echten Schamanen allerdings herzlich wenig zu tun.

Voodoo – Angriffs- und Verteidigungszauber

Der Begriff Voodoo leitet sich von dem westafrikanisch-kreolischen Wort *vodun* (Fetisch) her. Beim Fetischismus, also er Verehrung von Fetischen, wiederum lassen sich zwei Formen unterschieden. Im dynamischen Fetischismus werden leblosen Gegenständen übernatürliche Kräfte zugeschrieben, ähnlich denjenigen von Amuletten und Talismanen. Im animistischen Fetischismus werden Gegenstände kultisch verehrt bzw. für magische Praktiken benutzt, von denen man annimmt, dass in ihnen Geister gebannt sind. Die Magie des Voodoo, wie man sie von den Nachkommen der afrikanischen Sklaven in den USA und Mittelamerika her kennt, gründet also auf dem Glauben an die Macht von Dämonen. Besonders verehrt wird die Schlange Dangbe, die helfen soll, magische Angriffe abzuwehren oder einzuleiten. Darstellungen von Schlangen und Schlangenköpfen sind im Voodoo-Kult dementsprechend weit verbreitet. Daneben werden im Voodoo die Toten befragt, die durch Voodoo-Priester (Hungan) und -Priesterinnen (Mambo) herbeigerufen werden. Auf Haiti wurde Voodoo mittlerweile den etablierten Religionen gleichgestellt.

Furchterregende Zombies und Liebeszauber

Auf Haiti ist die Angst, nach dem Tod ein Zombie zu werden, sehr verbreitet, und es gibt unzählige unheimliche Geschichten von Zombies, die auf den Feldern als willenlose Arbeiter eingesetzt wurden. Im Glauben der Haitianer sind Zombies durch Stechapfelgift zum Leben erweckte Tote, die von den Voodoo-Priestern als Sklaven eingesetzt werden und gewissenlos all das ausführen müssen, was die Priester von ihnen verlangen. Man soll sie an ihrem irren Gesichtsausdruck erkennen können.

Voodoo-Zauberer verdingen sich auch mit Liebeszaubern; angeblich können sie jedem eine Geliebte nach dessen Wünschen und Idealvorstellungen herbeizaubern.

Santeria-Zauber auf Kuba

Im Lande von Fidel Castro blüht nicht nur der Marxismus, sondern auch eine alte magische Glaubenswelt – Santeria oder Regla de Ocha, die meist verbreitete Religionspraxis auf Kuba, die ihre Wurzeln in Afrika hat, dem Ursprungsland vieler Kubaner.

Santeria basiert auf der kultischen Verehrung der Orisha-Gottheiten, die als mythologische Gestalten jeweils mit Naturelementen sowie einer Symbolik von Attributen, Farben und Geschlecht assoziiert werden. Ochún ist die Göttin der Liebe, Changó der Gott des Feuers und Yemayá die Herrscherin des Meeres und zugleich die große Urmutter. Diese Gottheiten sprechen durch verschiedene Orakel zu den Menschen oder ergreifen während einer religiösen Zeremonie Besitz von einem Menschen, durch den sie Botschaften übermitteln.

Man erkennt die Santeros – oder ihre weiblichen Pendants, die Santeras – an ihren weißen Kleidern. Sie sind offen für alles und geraten normalerweise nicht mit ihren religiösen Werten in Konflikt, wenn sie Ausländern gegen ein paar Dollar ihr Orakel lesen oder Tänze und Gesänge vorführen. In vielen Geschäften der kubanischen Hauptstadt Havanna findet man Objekte, mit denen in der Santeria gezaubert wird. Dazu zählen Kaurimuscheln, um die Zukunft vorherzusagen, und Kräuter, um böse Geister zu vertreiben und in Liebesangelegenheiten zu helfen. Die meisten Santeria-Priester, Babalaos genannt, leben im Hafenviertel Havannas, das als Zentrum der Santeria auf Kuba gilt.

Voodoo wird häufig als schwarze Magie angesehen, was nicht zuletzt damit zusammenhängt, dass Voodoo-Priester mit den Verstorbenen kommunizieren.

Magier schützen sich sowohl durch einen Kreis als auch durch ein magisches Dreieck gegen Übergriffe jener Wesen, die sie herbeirufen. Dabei bezeichnet der Kreis die Bannzone, die das übernatürliche Wesen nicht betreten darf.

Zaubersprüche – Invokationen der Macht

Die Macht der Worte

Ob „Sesam öffne dich!" in „Ali Baba und die vierzig Räuber", „Simsalabim" oder „Abrakadabra" – hinter jedem Zauberspruch steht die Vorstellung, dass bestimmte Worte so mächtig sein können, dass sie reale Folgen zeitigen. Das Zauberwort „Abrakadabra" diente bereits in der Antike zur Bekämpfung von Krankheiten, wobei man glaubte, dass es seine Zauberkraft erst dann entfalten könne, wenn es elfmal so untereinander geschrieben und dabei immer ein Buchstabe weggelassen wird:

Abrakadabra
Abrakadabr
Abrakadab
Abrakada usw.

Beispiele für andere Zaubersprüche und -wörter aus der Antike bzw. dem Mittelalter sind:

Alohomora	– öffnet Türen
Baddiwasi	– reinigt Schlüssellöcher
Dissendium	– öffnet Geheimgänge
Expelliarmus	– entwaffnet Gegner
Finite incantem	– beendet einen Vorgang
Peskiwichtli Pesternomi	– bringt Verderben und Untergang
Rictussempra	– erzeugt das Gefühl, gekitzelt zu werden

Praktisches Vorgehen

Die Praxis der Invokation besteht letztlich in nichts anderem als in der Vergegenwärtigung eines göttlichen oder dämonischen Bildnisses, das man sich einprägen und in allen Einzelheiten visualisieren, also vor seinem geistigen Auge vergegenwärtigen muss, was umso schwieriger wird, je abstrakter die Götter und Dämonen sind. Viele überirdische Wesen – z. B. Bael, der lehrt, wie man sich unsichtbar macht – kennt man nur als geometrische Form. Für eine erfolgreiche Invokation ist es daher umso wichtiger, den Namen des Herbeigerufenen zu kennen, da mit ihm dessen Wesen bezeichnet ist.

Die weiß gewandeten Druiden der britischen Inseln versammelten sich an bestimmten Tagen des Jahres in Stonehenge, um durch magische Rituale und Tänze die Kräfte der Natur und des Kosmos zu verherrlichen.

Vibrierende Stimme

Die Anrufung geht mit der Visualisierung einher: Der Name wird mit tiefer, deutlicher und vor allem vibrierender Stimme artikuliert. Das Vibrieren soll in den Tiefen des Bewusstseins die magischen Fähigkeiten wecken. Zudem werden die Buchstaben, aus denen der Name des Herbeigerufen besteht, visualisiert. Im Grunde genommen ist eine Invokation ein tiefes Gebet, ein Mantra, z. B.: Hare Krisna, Hare Krisna, Krisna, Krisna, Hare, Hare, Hare Rama, Hare Rama, Rama, Rama, Hare Krisna. Der Klang der Stimme läutert nicht nur das Bewusstsein und befreit es von störenden Einflüssen, sondern verleiht auch Macht über das angerufene Wesen.

Im Gegensatz zur Invokation steht die **Evokation**, bei der der Magier davon ausgeht, dass sich das beschworene Geistwesen außerhalb seines Körpers befindet.

Die mächtigen Flüche der Druiden

In Irland zogen nicht nur bezahlte „Spruchweiber" zu verfluchenswerten Personen, stellten sich breitbeinig vor diese hin, um alsdann den Fluch, meist in Gegenwart vieler Mitmenschen, auf sie niederzuschmettern – diese Aufgabe kam auch den Druiden zu.

Die Druiden, die weiß gewandeten Priester der Kelten, waren Meister der Verfluchung. Nur selten verfehlten die druidischen Flüche ihre Wirkung, glaubte man doch allgemein an deren Macht. Sie besaßen große Kenntnis von der Natur und verstanden sich außerdem auf psychologische Techniken, mit denen sie Ahnungslose beeindrucken konnten und manchmal sogar in den Tod trieben. Wie einige römische Schriftsteller berichteten, soll es ihnen dank suggestiver Kräfte oftmals gelungen sein, selbst bei Römern entsprechende Wirkungen zu erzielen.

Invokationen

Invokationen sind Anrufungen der Dämonen und Geister, damit diese dem Magier erscheinen und ihm bei seiner Tätigkeit behilflich sind. Die wichtigste Fähigkeit, um wirkungsvolle Invokationen durchzuführen, ist die der Imagination. Diese muss trainiert werden, damit man Bilder und Symbole mit großer Klarheit und Präzision visualisieren kann. Magier aus dem „Order of the Golden Dawn" vertrauten bei ihren Übungen der Hilfe altägyptische Götter wie Isis oder Osiris.

Isis, die große Göttin, kann Osiris wieder Leben einhauchen.

Die keltischen Druiden waren Meister der Verführung und Verfluchung und dementsprechend hoch angesehen.

Glam dicin – der gefährlichste Fluch

Einer der bevorzugten Flüche der keltischen Druiden nannte sich „glam dicin" und wurde gegen jedermann benutzt, der sich des Vertragsbruchs oder des Totschlags schuldig gemacht hatte. Der weit und breit gefürchtete Fluch, gegen den „kein Kraut gewachsen war", machte die Opfer krank oder tötete sie gar.

Der Legende nach soll es aber einen Fall gegeben haben, bei der Fluch versagte: Eine Druidin, die sich in einen Mann verliebt hatte, belegte diesen mit einem zerstörerischen Fluch: Sollte er sie jemals verlassen, würde er noch am gleichen Tag sterben. Der Mann jedoch liebte eine andere – was war zu tun? Gab es eine Möglichkeit, den Fluch aufzuheben? Als er die Druidin aus Versehen verletzte und ihr die Wunde aussagte, verlor sie ihre Macht über ihn, da sie nun nach keltischem Glauben blutsverwandt waren und fortan nicht mehr Tisch und Bett teilen konnten.

Zauberhandlungen und Zaubersprüche zum Herbeirufen des Glück

Zaubersprüche und -handlungen folgen mitunter seltsamen Mustern, die auf den ersten Blick verrückt wirken. Um beispielsweise das Glück herbeizurufen und Pech zu verscheuchen, soll man laut einer magischen Anleitung einige Teile seiner Garderobe auf links tragen. Am besten bei zunehmendem Mond – dieser Zeitpunkt ist grundsätzlich der beste zur Durchführung von Zauberhandlungen, da Zaubersprüche dann angeblich am besten wirken! Man zündet eine Kerze an und spricht dreimal laut folgende Worte: „Ich werde Glück und Erfolg haben immer und überall." Man probiere es aus!

Der berüchtigte Drachen-Atem – ein Schadenszauber

Wenn jemand falsche Gerüchte über Sie verbreitet, hilft angeblich folgendes Ritual aus der Magie-Zauberspruch-Küche, zu dem man einige Süßigkeiten (Bonbons oder Schokolade), eine Knoblauchzehe, eine grüne Kerze und eine schön verzierte Schüssel benötigt:

1. Legen Sie die Süßigkeiten in die Schüssel und stellen Sie diese auf ein Fensterbrett, sodass der Inhalt vom Mond beschienen werden kann.
2. Zünden Sie die Kerze an und stellen sie sie neben die Schüssel.
3. Nehmen Sie den Knoblauch und ziehen Sie mit ihm einen imaginären Ring um die Schüssel. Dabei sagen

Sie laut: Wer Schlechtes verbreitet, der soll einen ebensolchen Atem haben!

4. Blasen Sie die Kerze aus – damit wird der Zauber „geerdet".
5. Bieten Sie Ihrem Kandidaten eines der verzauberten Bonbons an.

Die Wirkung soll überwältigend sein!

Sympathiezauber

Das magische Denken der Germanen, aber auch anderer Völker war geprägt durch bestimmte symbolische Beziehungen hinsichtlich der eingesetzten magischen Praktiken. So zog man Tiere, die sich durch Kraft, Schnelligkeit und Wildheit auszeichneten, sanfteren Geschöpfen vor. Männliche Tiere hielt man für stärker als weibliche. Patienten mit Gelbsucht gab man Regenwürmer mit „gelben Ringen" zu essen. Allerdings hackte man die Regenwürmer so klein, dass der Patient nicht mehr wusste, worum es sich handelte. Sympathiezauber bedeutet, dass sich eine Eigenschaft aufgrund ihrer Ähnlichkeit mit etwas anderem auf dieses überträgt und es heilt oder stärkt. Der Rinde von der nach Osten gewandten Seite eines Baumes schreibt man beispielsweise besondere Kraft zu, da sie von der aufgehenden, nicht aber von der untergehenden Sonne beschienen wird. Dreimalige Beschwörung soll ein Geschwür schrumpfen lassen – das eine wirkt „sympathisch" ins andere hinein: „Aufzehren sollst du dich wie Holz im Herd. Einschrumpfen wie ein Kuhfladen an der Wand. Wie Wasser im Eimer verdunste!" (4)

Mineralien als Zaubersteine

Sympathie bedeutet „Anziehung", im Gegensatz zur Antipathie („Abstoßung"). Der Magier Agrippa von Nettesheim (1486–1535) verfeinerte die alte „sympathische Magie". Im Hinblick auf die Wirkung von Mineralien erklärte er, dass der Jaspis beispielsweise bei einer Gebärenden das Kind anziehe. Der Amethyst, der Ringstein der katholischen Bischöfe, dagegen wirke gegen Trunkenheit, sei also „antipatisch" und bringe zugleich Segen und Glück. Auch die Homöopathie geht letztlich auf diese so genannte Signaturenlehre zurück und behandelt Ähnliches durch Ähnliches – einer ihrer zentralen Grundsätze.

Der Amethyst ist der Ringstein der katholischen Bischöfe. Als Segen spendender Stein fördert er Glück und Gesundheit. In der Antike glaubten die Menschen, er heile von der Trunksucht.

Lehrer der Magie

Der Brite Aleister Crowley wird von vielen Menschen als Begründer des modernen Satanismus angesehen. Er selbst pflegte sein Image als Antichrist.

Aleister Crowley – Der gottloseste Magier

Kindheit, Jugend, Lehrjahre

Er hat sich selbst gern als den „gottlosesten Menschen des Jahrhunderts" bezeichnet. Gemeint ist Aleister Crowley, der besonders seitens der Kirchen als „Vater des modernen Satanismus" herhalten muss. Für viele Gläubige war Crowley, der 1875 in einem kleinen unbedeutenden Ort nahe Stratford-upon-Avon, dem Geburtsort Shakespeares, zur Welt kam, der Antichrist schlechthin, vor allem, weil er sexualmagische Praktiken pflegte und sich öffentlich damit brüstete. Crowleys Vater war ein reicher Braumeister, seine Mutter eine „hirnlose Frömmlerin", wie der Sohn später vermerkte. Die Eltern erzogen Aleister puritanisch streng – seine Lieblingslektüre wurde wohl auch aus diesem Grund die „Offenbarung des Johannes".

Zwei Dinge fesselten den jungen Crowley an diesem Text, in dem es bekanntlich um das Ende der Welt geht: die in Purpur und Scharlach gekleidete aufreizende Hure Babylon – später fühlte sich der Magier immer wieder zu Frauen hingezogen, die diese Farben trugen – und die aus dem Meer steigende Bestie 666, das Tier der Apokalypse, mit dem er sich selbst identifizierte. Die Bestie 666 besaß nämlich die Macht, erfolgreich Krieg gegen alle Heiligen zu führen. Das würde er später auch gerne wollen, nahm sich der junge Aleister vor.

Crowleys Vater starb an Zungenkrebs, seine Mutter gab ihren sündigen Sohn auf, nachdem sie ihn einmal mit einem Dienstmädchen erwischt hatte. Mit 20 Jahren begann Crowley in Cambridge Geisteswissenschaften zu studieren. Er schrieb Gedichte, wurde Bergsteiger und kam noch während seiner Studienzeit mit dem Geheimbund „Golden Dawn" in Berührung. Dieser praktizierte magische Praktiken, deren Ausübung den damals 23-jährigen Aleister tief beeindruckten.

Das Pentagrammritual

Besonders das Pentagrammritual zur Beschwörung von Geistern und Göttern hatte es Crowley angetan, der seit 1899 in einer kleinen Londoner Wohnung lebte und sich in spirituellen Exerzitien übte – u. a. unter Zuhilfenahme von Drogen. Er nannte sich Magier – und er wollte auch einer sein, mit allem Unheimlichen, das diesem Namen eigen ist. So soll er Menschen dazu gebracht haben, auf allen vieren zu gehen und wie Hunde zu heulen. 1900 zog sich Crowley nach Schottland zurück, um gefährliche magische Rituale zu erproben – mit dem Zweck, Macht über andere Menschen zu gewinnen.

Die magische Abtei von Thelema

Später, als seine zwiespältige Popularität als Magier auf dem Höhepunkt war, nahm sich Crowley nichts Geringeres vor, als ein neues Zeitalter zu schaffen: Aion. 1920 gründete er deshalb auf Sizilien die „Abtei von Thelema". Hier sollten sich Männer und Frauen auf die Suche nach ihrem wahren Willen begeben. „Tu, was du willst, und fürchte nicht, dass ein Gott dich dafür bestraft!", lautete das einzige Gesetz dieser Gemeinschaft, die die Magie als Methode zur Entwicklung des eigenen Selbst einsetzte. Der Wille des Einzelnen sollte gestärkt und der Körper sinnlich erfahren werden. In der New Yorker Presse gab Crowley Anzeigen auf, in denen er nach buckeligen, einäugigen, lahmen Frauengestalten suchte, um sie in Thelema in wohlgeformte, schöne Frauen zu verwandeln. Auf diese Weise kam der Magier zu einigen seiner Geliebten, die ihm möglicherweise wegen seiner sadomasochistischen Veranlagung ein Leben lang zugetan waren. 1923 wurde die Abtei durch Mussolini geschlossen, weil man dort angeblich nicht nur Kleintiere, sondern auch Kinder getötet habe. Auch war bei einer Zeremonie, bei der eine Katze getötet und ihr Blut getrunken worden war, ein Besucher tot zusammengebrochen.

1920 gründete Crowley auf Sizilien die Abtei von Thelema, die allerdings drei Jahre später vom Staat geschlossen wurde.

Aleister Crowley mit seiner ersten Frau Rose Kelly. Der Schein trügt: Nicht lange nach der Hochzeit begann sie zu trinken, weil er sie so schlecht behandelte, und schließlich verließ er sie, um wieder frei zu sein.

Heirat und Ordensgründung

Aleister Crowley bereiste Japan, Indien und Ägypten; 1903 heiratete er Rose Kelly, die ihm ein Jahr später eine Tochter schenkte. Crowley gab ihr den bezeichnenden Namen Nut Ma Ahthoor Hecate Sappho Jezebel Lilith.

Im Laufe der folgenden Jahre schrieb Crowley 19 Bücher über Magie und Okkultismus. 1907 gründete er den AA-Orden (*Argenteum Astrum*/silberner Stern), für den er 28 Mitglieder rekrutierte. In diesem Orden wurden vor allem sexualmagische Praktiken gelehrt, wobei der Magier schon bald als der versierteste von allen galt.

1909 ließ sich Crowley wieder scheiden, um für möglichst viele frei zu sein. Es ist nicht von der Hand zu weisen, dass Aleister Crowley für eine große Anzahl von Frauen sehr anziehend wirkte – vielleicht gerade weil er sich so animalisch gab und gern den Teufel spielte.

Magick-System und letzte Jahre

Bei dem von Crowley entwickelten Magick-System, einer Mischung aus Zahlenmystik und altgriechisch-ägyptischer Magie, kommt es unter anderem darauf an, dass man durch das unablässige Aufsagen bestimmter Formeln die eigene Konzentrationsfähigkeit steigert, um später in einen tiefen Zustand der Meditation zu gelangen. Dadurch soll man Herr über seinen Körper werden, um beispielsweise keinen Schmerz mehr zu empfinden.

1929 heiratete Crowley in Leipzig Maria Teresa Ferari. Gemeinsam verbrachten sie einige Jahre in Berlin, bis Crowley ihrer überdrüssig war. Von Besuchern der beiden gibt es nicht gerade schmeichelhafte Berichte: Der merkwürdige Magier war fett geworden, in wunderliche Kleider gewandet und umgeben von einer Parfumwolke. Er hatte sich seinen Schädel kahl rasiert, sein Blick war noch immer stechend. Der bekannteste Magier Europas, nunmehr heroinabhängig und krank, starb 1947 in einem Schloss bei Hastings, nachdem er zuvor neue Tarotkarten entwickelt hatte. „Ich bin überrascht" sollen seine letzten Worte gewesen sein.

Das Tarot der „Bestie"

Aleister Crowley, der wegen seiner sexuellen Umtriebigkeit und seiner erklärten Feindschaft zum Christentum den Beinamen „Bestie" erhielt, schuf ein neues, faszinierendes Tarot-Deck. Viele Gelehrte vermuten die Ursprünge des Tarot im alten Ägypten oder im untergegangenen Atlantis. Crowley selbst führte seine Tarot-Version auf die Überlieferung des ägyptischen Gottes Thoth, des großen Gottes der Magie, zurück und nannte sie „Das Buch Thoth". Tarotkarten tauchten erstmals um 1300 in Italien auf. Im Laufe der Zeit entwickelten sich verschiedene Versionen des Spiels, das zumeist im Stile von Anne-Marie Lenormand, einer berühmten Kartenlegerin zur Zeit Napoleons, als bildhaftes Orakel benutzt wurde. Crowleys Tarot ist eher psychologisch ausgerichtet,

Sein ausschweifender Drogen- und Alkoholkonsum ging nicht spurlos an Crowley vorüber. Er starb 1947 heroinabhängig in Hastings, England.

wobei die surreal anmutenden bunten Bilder dem Fragenden sein tiefstes Innerstes zeigen sollen.

Kabbala und Visionen

Crowley sah es als seine Lebensaufgabe an, die Einschätzung des Tarot als einem reinen Orakelspiel zu verändern. Dies wollte er ereichen, indem er die Tarotkarten in Verbindung zur Kabbala setzte (s. S. 40ff.).

Eine Fügung des Schicksals führte 1937 Crowley mit der begnadeten Künstlerin Lady Frieda Harris zusammen. Gezielte Meditation und magische Rituale führten bei ihm zu Visionen eines neuen Tarotkarten-Decks, die er skizzenhaft zu Papier brachte und die sie umsetzte,

Mit Entstehung der Karten schrieb Crowley schließlich auch das erklärende Begleitbuch. Crowleys Orden, der „Ordo Templi Orientis" (O.T.O.), veröffentlichte das Werk erstmals 1944 als Privatdruck in einer Auflage von 200 Exemplaren.

Eliphas Levi – Die Suche nach den Schlüsseln

Magie, die Königin der Gesellschaft

Abbé Alphonse-Louis Constant (1809–1875), der sich später Eliphas Levi nennen sollte, gilt als der führende Okkultist des 19. Jh. Er gehört neben Aleister Crowley zu den herausragenden Magiern der Neuzeit. Zu Levis Zeit erlebte der Materialismus seine erste Blüte, und Menschen, die sich mit der Erforschung der magischen Wissenschaften beschäftigten, genossen kein hohes Ansehen. Doch Spott und Hohn kümmerten Eliphas Levi nicht – er war angetreten, die Geschichte der Magie in ihrer Gesamtheit darzustellen. In seinem Werk „Dogma und Ritual der Magie" geht er bis auf die Ursprünge der hermetischen Philosophie zurück und versucht, Licht ins Dunkel hermetischer Lehren zu bringen.

Magie als Fachsprache

Eliphas Levi, ein ehemaliger katholischer Priester, war ein sehr ehrgeiziger Mensch, dem es darum ging, der Magie ihren wahren Stellenwert zurückzugeben. Er versuchte aufzuzeigen, dass die magische Symbolsprache einst als eine legitime Fachsprache gedient habe – wie die Sprache der heutigen Mediziner und Juristen. „Einst" bezog er auf einen nicht näher bestimmten Zeitraum im alten Ägypten und im alten Mesopotamien, dem Zweistromland am Euphrat und Tigris.

Die verlorenen magischen Schlüssel

Levi wollte das magische Wissen der Vorzeit wiederbeleben. Er sprach daher von „magischen Schlüsseln", die verloren gegangen seien. Durch ihre Wiederentdeckung ließen sich alle Geheimnisse der Welt erschließen. Als erster setzte er daher die 22 Großen Arkana (Magier, Hohepriesterin, Herrscherin, Kaiser, Pilger etc.) des Tarot mit den 22 Buchstaben des hebräischen Alphabets gleich. In der Kabbala gibt es 22 Kräfte der Schöpfung (die Buchstaben des Alphabets), die gleichsam wie eine Antenne wirken, die die Energien des Universum erfasst und nutzbar macht. Diesem Zweck dient u. a. das Visualisieren des betreffenden Zeichens. Visualisieren bedeutet „etwas verbildlichen", um es mit einem konkreten Wunsch zu verbinden. So kann z. B. das tägliche Schreiben, Aussprechen und Visualisieren der drei folgenden hebräischen Buchstaben סאל für gesicherte finanzielle Verhältnisse sorgen, also für ein schuldenfreies Leben. Es bleibt das Verdienst von Eliphas Levi, die hebräische Kabbala als eine Form der Magie mit dem Tarot, das vermutlich um 1300 in Italien entstand, verbunden zu haben.

Der Franzose Eliphas Levi gilt als Wegbereiter des modernen Okkultismus. Nicht zuletzt deshalb betrachtete sich wohl Aleister Crowley als dessen Reinkarnation, zumal er nur wenige Monate nach Levis Tod geboren wurde.

Hermes Trismegistos

Die hermetische Philosophie soll durch den großen Hermes Trismegistos begründet worden sein. Mindestens zwei mediterrane Gottheiten fließen in dieser Figur zusammen: Thot, der ägyptische Gott der Zauberei, und Hermes, der Begründer der Alchemie. Der griechische Dichter Homer berichtet, dass Hermes Trismegistos bereits lange vor den Pharaonen gelebt habe. Nicht weniger als 20 000 magische Texte werden ihm zugeschrieben. Darunter gelangte vor allem die „Tabula Smaragdina" (Smaragdtafel) im Abendland zu großer Bekanntheit. Sie beginnt mit den berühmten Zeilen: „Das Untere ist gleich dem Oberen und das Obere gleich dem Unteren, um das Wunder zu vollbringen." Für die Alchemisten hatte diese Smaragdtafel allergrößte Bedeutung, zeigt sie doch, dass sich die stoffliche und die geistige Welt durchdringen, ja eins sind. Hermes Trismegistos steht am Anfang aller schriftlichen magischen Offenbarungen. Auf ihn bezieht sich die gesamte westliche magische Literatur.

Die hermetische Philosophie soll durch den großen Hermes Trismegistos begründet worden sein. In ihm vereinen sich zwei Gottheiten: Thot, der ägyptische Gott der Zauberei, und Hermes, der Begründer der Alchemie.

Eliphas Levi war ein sehr ehrgeiziger Mensch, dem es darum ging, der Magie ihren wahren Stellenwert zurückzugeben. Er wollte zeigen, dass die magische Symbolsprache einst als eine legitime Fachsprache gedient hatte, z. B. in Ägypten.

Die Beschwörung des Apollonius von Tyana

Im Juni 1854 führte Levi eine Geisterbeschwörung zur Beherrschung von Dämonen durch. Mit Hilfe des Pentagrammrituals beschwor er den Geist des Apollonius von Tyana, der im 1. Jh. n. Chr. im Römischen Reich als Magier und Philosoph wirkte. Was allerdings aus dem Reich der Toten heraufkam, soll ein abgezehrter, traurig aussehender Mann im grauen Gewand gewesen sein, von dem nichts als große Kälte ausging. Sprachlos verschwand das Phantom wieder, während Levi einer Ohnmacht nahe war. „Die Erscheinung hatte zwar nicht mit mir gesprochen, aber mir war, als hätten die Fragen, die ich ihr stellen wollte, sich gewissermaßen in meinem Innern selbst beantwortet." (7) Kurz vor seinem Tod kehrte Eliphas Levi in den Schoß von Mutter Kirche zurück: „Nicht die Wahrheit geht zu Ende, sondern unsere Träume", schrieb Levi in seiner „Geschichte der Magie".

Greifen die Seelen Eingeäscherter nach den Mädchen?

Dämonen und Besessenheit heute?

Duma/Indien, Januar 2006: Der Direktor einer Schule in Madhya Pradesh hat einen Magier zum Kampf gegen Dämonen um Hilfe gebeten, die seit einer Woche ausschließlich die weiblichen Schüler heimsuchen. Sowohl die Lehrer der weiterführenden Schule als auch die Eltern der Mädchen erhoffen sich durch spirituelle Reinigungsrituale, dass die unheimlichen Aktivitäten endlich ein Ende nehmen. Der Grund für das Auftreten von Dämonen wird im Standort der Schule gesehen, denn das Gebäude ist an der Stelle eines ehemaligen Krematoriums errichtet worden. Auch der örtliche Hindu-Priester Uma Shastri ist davon überzeugt, dass die Seelen der Eingeäscherten keine Ruhe finden können und von den Körpern der Mädchen Besitz ergreifen. Dadurch sei auch zu erklären, dass die Teenager in eine Art Trance fallen, wild umhertanzen und nicht mehr Herr ihrer Sinne wären.

Im Juni 1854 führte Levi eine Geisterbeschwörung zur Beherrschung von Dämonen durch. Er rief den Geist des Apollonius von Tyana, der im 1. Jh. n. Chr. im Römischen Reich als Magier und Philosoph gewirkt hatte.

Dion Fortune – Magierin und weise Frau

Leben und Wirken einer modernen Magierin

Ein sehr ungewöhnliches Leben hat sicherlich Dion Fortune geführt. Sie wurde als Violet Firth 1890 in London geboren. 1946 starb sie in derselben Stadt an Leukämie. 1919 trat sie dem berühmten Geheimbund „Golden Dawn" bei, den sie aber schon bald wieder verlassen musste, weil ihre Ansichten dem Gründer des Ordens, McGregor Mathers, zu radikal waren. Violet Firth hatte ihren Namen bei Eintritt in den „Order of the Golden Dawn" in Dion Fortune geändert. Der Name war abgeleitet von „deo nun fortuna", was soviel bedeutet wie „durch Gott und nicht durch das Schicksal". Dion Fortune wollte eine wirkliche Magierin sein, keine, die mit Taschenspielertricks ihr Publikum verblüfft, sondern die wahre und unabhängige gottgegebene Macht besitzt. Ihre Erfahrungen und Studien brachte sie in einen esoterischen Kreis ein – „Fraternity of the Inner Light" (Bruderschaft des inneren Lichts) –, der noch heute existiert und nach Fortunes Erkenntnissen und modernen Geheimlehren arbeitet. Dion Fortunes Bücher „Die mystische Kabbala" (1935) und vor allem „Kosmische Lehre" (1920) – haben den Anspruch, die höchsten Stufen der ägyptischen Mysterien ebenso wie zahlreiche okkulte Lehren oder die Geheimnisse der Mondmagie zu enthüllen.

Mondmagie
Die verschiedenen Phasen des Mondes im Zusammenhang mit magischen Praktiken spielen bei allen alten Völkern der Erde eine wichtige Rolle. Man glaubt, dass zu bestimmten Mondphasen Zaubersprüche und Rituale am besten wirken, Heilzauber etwa drei Tage vor oder nach Vollmond. Im Wicca-Kult, dem modernen Hexenwesen, wird die „Mondin" angebetet und kultisch durch Rituale verehrt.

Dion Fortune wurde als Violet Firth 1890 in London geboren. 1946 starb sie in derselben Stadt an Leukämie. 1919 trat sie dem berühmten Geheimbund „Golden Dawn" bei, den sie aber schon bald wieder verließ.

Kämpfe auf der Astralebene

Dion Fortunes selbstbewussten Auftritte im Orden des „Golden Dawn" blieben nicht ohne Folgen. McGregor Mathers beschimpfte die junge Magierin nicht nur, sondern versuchte auch, sie auf der Astralebene zu bekämpfen, wie Dion Fortune schreibt. Das erinnert an Schamanentum und mächtige Zauberinnen, wie man sie aus den Sagen und Legenden kennt. Wie solch ein Astralkampf aussah, schildert die Magierin wie folgt: „Als ich eines Nachmittags auf dem Bett lag, wurde ich von Rachegedanken überwältigt und geriet dabei an die Grenze des Schlafes. Vor meinen Augen standen die alten nordischen Mythen neu auf, und da fiel mir Fenris ein, das Wolfsungeheuer. Im selben Moment fühlte ich

Während einer ihrer Astralreisen begegnete Dion Fortune Fenris, einem Wolfsungeheuer aus den nordischen Mythen. Er materialisiert sich aus Ektoplasma direkt neben ihrem Bett.

ein seltsames Ziehen an meinem Sonnengeflecht, und schon materialisierte sich neben mir auf dem Bett ein großer, grauer Wolf. Es war eine gute materialisierte Form aus Ektoplasma [feinstoffliche Substanz, die der Astralkörper bei Medien absondert] – grau und farblos – und sie war schwer.“ (8)

Elementale als Waffe

Dion Fortune spürt den Körper des magischen Wolfes neben sich, aber es gelingt ihr, mit Hilfe der Visualisierung einer Art „Jakobsleiter“, die vom Himmel bis zur Erde führt, den Astralkörper des Wolfs wieder aufzulösen. Auch könne sie mit der „Jakobsleiter“ Wesen aus dem eigenen Ektoplasma schaffen. Sie sieht, wie solche „Elementale“ auf den verhassten Gegner losgehen oder wie sie gegeneinander im Trancezustand kämpfen. Zuletzt erscheint Dion Fortune im Treppenaufgang eine Katze von der Größe eines Tigers, die sie als die Ehefrau von Mathers, Vestigia, ausmacht. Sie kämpfen heftig miteinander. Am Ende ist Dions Rücken „mit Kratzern übersät, so als hätte mich eine Katze angefallen“. (8)

Magische Kraft und Konzentration

Ein Buch der Autorin, in dem man alles über die Kunst des Kämpfens auf der Astralebene nachlesen kann, heißt „Selbstverteidigung mit PSI". In Dion Fortunes Büchern und der Tätigkeit der im englischen Glastonbury gegründeten „Fraternity of the Inner Light" geht es an erster Stelle darum zu erfahren, wie man magische Kräfte entwickelt. Jeder Magier muss sich als Lenker seiner selbst begreifen – durch Gott und nicht durch das Schicksal. Der Magier selbst lenkt die Macht der Sterne und nicht umgekehrt!

Für Dion Fortune ist Gott ein unerschöpfliches Kraftreservoir. Konzentration auf die göttliche Substanz in sich selbst, lautet ihre Devise. Glaube, absoluter Wille und magische Konzentration helfen einem dabei. Zugleich sollen Erfahrungen, die jeder ein Leben lang sammelt, die als Anlage vorhandenen Fähigkeiten aktivieren.

Magie ist Übung und Selbstdisziplin

Einweihungszeremonien und magische Rituale erfüllen bei dieser Selbstfindung den Zweck, Unbewusstes ins Bewusstsein zu heben und machtvolle Bilder erzeugen zu können, die imaginiert (lebhaft vorgestellt) und ausgeschickt werden. Magie ist und bleibt für Dion Fortune und jeden anderen Magier eine Frage der anderen Wahrnehmung. Diese erlangt man durch Selbstdisziplin als Ergebnis harter Arbeit an sich selbst. Natürlich muss man auch bestimmte Techniken einüben, beispielsweise das Visualisieren. Hinter jeder Magie steht immer der Gedanke, dass starkes Visualisieren reale Wirkungen zeitige, weil die Materie auf Gedankenkraft reagiere. Die Auffassung, dass das Bewusstsein die Materie formen und beeinflussen kann, ist wesentlicher Bestandteil jeglicher Magie.

Mit Hilfe der Visualisierung schuf die Magierin eine Art „Jakobsleiter", die vom Himmel bis zur Erde führte. Auf diese Weise gewann sie Macht über Wesen aus dem eigenen Ektoplasma, die sie auf verhasste Gegner losgehen ließ.

Franz Bardon und sein grosses magisches Universum

Leben und Werk

Franz Bardon (1909–1959) entwickelte ein magisches System aus den geheimen Lehren verschiedener Logen (Freimaurer, Rosenkreuzer, Illuminaten) und verband seine Erkenntnisse mit fernöstlichen Lehren, wie sie etwa der Taoismus oder der tibetanische Okkultismus liefert. Bardon gilt als einer der wichtigsten Magier und Okkultisten des 20. Jh. Sein Buch „Der Weg zum wahren Adepten" fällt vor allem durch seine zentrale Forderung nach Praxisnähe und machbaren Übungen auf. Erklärtes Ziel dieses Magiers der Moderne war es, dem ernsthaften Schüler der Magie die beste magische Schulung anzubieten, die außerhalb einer okkulten Loge und ohne den Vorteil eines persönlichen Lehrers überhaupt möglich ist.

In der Nazizeit wurde Bardon inhaftiert; da er sich weigerte, seine magischen Kräfte den Nazis zur Verfügung zu stellen, wurde er grausam gefoltert. Nach dem Krieg machte Bardon mit seinen magischen Studien weiter und schrieb insgesamt vier sehr erfolgreiche Bücher. Viele seiner okkulten Ideen sind inspiriert von Werken anderer Magier, etwa diejenigen von Eliphas Levi oder auch, obwohl er ihn nie erwähnt, Aleister Crowleys „Magick-System".

Franz Bardon war der Sohn eines christlichen Mystikers. Obwohl über seine Kindheit wenig bekannt ist, geht man davon aus, dass seine Hinwendung zum Okkultismus bereits in der frühen Jugend stattfand.

Bardons Lehre basiert im Wesentlichen auf den vier Elementen, die man auch schon in der Antike kannte: Feuer, Erde, Luft und Wasser. Hinzu kommt eine fünfte Essenz, die Quintessenz.

Liebe ist die wichtigste Kraft des Universums

Die mentalen Übungen, die Bardon vorschreibt, wie die der inneren Konzentration und das Beobachten des wandernden Geistes, finden sich in ähnlicher Form im Yoga und in anderen Meditationsformen. Obwohl man sich zwischen Franz Bardon und Aleister Crowley keinen größeren Unterschied denken kann – Bardon eher bescheiden, pragmatisch denkend, Crowley nahe am Größenwahn – ist Crowleys Einfluss zweifellos vorhanden. Crowleys Wahlspruch „Liebe ist der Wille, aber Liebe unter Willen", ist auch für Bardon die Grundidee seiner Lebensanschauung. Für Bardon war es zudem wichtig, seinen Schülern die elementaren Unterschiede zwischen dem Alltagsbewusstsein und dem „magischen" Bewusstsein deutlich zu machen.

Die seltsamen Fluids

Franz Bardon setzt ein nach fernöstlichen Theorien verändertes energetisches Modell des Universums voraus. Dabei spricht er von „Fluids" (nicht fassbare Energieströme): Das „elektrische" und das „magnetische" Fluid ergänzen sich gegenseitig wie Yin und Yang, sie befinden sich also im Einklang. Dabei ist „Magnetismus" laut Bardon eine kühle, negative Kraft mit einer blauen Emanation (Ausstrahlung), „Elektrizität" eine warme, positive Kraft mit einer roten Emanation. In seinem Werk „Der Weg zum wahren Adepten" lehrt Bardon, dass jeder Körperteil normalerweise von der elektrischen und der magnetischen Kraft regiert wird, allerdings auch neutral sein kann. Neutral bedeutet: elektrische und magnetische Fluids heben sich gegenseitig auf – was beim Menschen selten vorkommt. Krankheiten entstehen dann, wenn das Gleichgewicht zwischen den elektrischen und magnetischen Fluids gestört ist.

Die vier Elemente

Bardons Kosmologie gründet auf den antiken vier Elementen – Feuer, Erde, Luft und Wasser – plus „Akasha", der „Quintessenz", also fünften Essenz. Der Begriff „Akasha" stammt aus der hinduistischen Philosophie und bedeutet soviel wie „Äther", womit ein feinstoffliches Element gemeint ist, etwa ein Astralkörper. Franz Bardon ordnet die Elemente im Großen und Ganzen denselben menschlichen Kräften zu wie andere Magier auch: Wasser steht für Gefühle bzw. Intuition; Feuer für Aggressivität oder Leidenschaft usw. Aus seiner Sicht ist derjenige ein fähiger Magier, der die Elemente manipulieren kann, um erwünschte Effekte zu erzielen. Voraussetzung dafür ist, dass ein Schüler, bevor er ein Meister der Elemente werden kann, alle Elemente in seinem eigenen Wesen harmonisieren und kontrollieren kann. Dass geschieht, indem er sich der einzelnen Elemente in sich selbst bewusst wird, dies geschieht in der magischen Ausbildung.

Bardon studierte unter anderem die Lehre und die Bräuche der Freimaurerloge. Sie wurde Teil des magischen Systems, das er entwickelte.

Der Magier steht über den Geistern und Dämonen

Bardon lehrte, dass der Mensch als vielpoliges Wesen allen Geistern, Dämonen und Engeln übergeordnet sei – allerdings nur, wenn er alle vier Elemente in sich vereinigt hat. Als Beispiel erwähnt er die Gnome und Sylphen, die man auch Elementale nennt. Diese Elementargeisterlehre geht unter anderem auf den Arzt, Magier und Philosophen Paracelsus (1494–1541) zurück. Für ihn waren Gnome Erdgeister, die der Erde magische Kräfte verleihen, und Sylphen Luftgeister, die wie Schmetterlinge aussehen. Bardon ermahnte seine Schüler, ebenso wie einstmals Paracelsus die seinen, sich vor den Täuschungen und Tricks dieser Elementargeister zu hüten, die sich wünschen, einen Teil der menschlichen Seele zu fesseln. Mit Bardon gesprochen: „Eine bewusste Ursache, wie ein Wunsch, Gedanke, eine Vorstellung in dieser Sphäre mit entsprechender dynamischer Willenskonzentration, festem Glauben und vollster Überzeugung hervorgerufen, muss sich durch die Elemente realisieren …" (9)

Nach Paracelsus' Lehre zählen auch Feen zu den Elementargeistern. Gemeinsam mit Wichten, Trollen, Irrwischen und Elfen bilden sie die Gruppe der Erdgeister oder Gnome.

In der Magie kennt das menschliche Bewusstsein weder Zeit noch Raum und ist damit ein Akasha-Prinzip, also feinstofflich, unabhängig von Leben und Tod und unabhängig von der Materie. Aus diesem Grund wird alles sichtbar, was sich der Magier ersehnt. Weil der Magier die Kontrolle über alle Elementargeistern ausüben muss, darf er nicht selbst im Ungleichgewicht sein. Auch alle Formen von Obsessionen (Drogenkonsum, alles, was abhängig macht) können einen Schüler letztlich scheitern lassen. Deshalb schreibt Bardon am Anfang der Studien eine genau einzuhaltende, gnadenlos ehrliche Selbstbeobachtung während mehrer Wochen vor, wobei die eigenen Fehler und Schwächen aufgezeichnet werden. Magische Arbeit ist vorrangig Arbeit an sich selbst und seinen Fehlern.

Der magische Lehrplan

Bardon teilt seine magische Praxis in zehn Stufen ein, die teilweise etwas willkürlich wirken.

1. Selbst-Analyse

Wie bereits erwähnt steht am Beginn die harte und disziplinierte Arbeit des Schülers, die vier Elemente in seiner eigenen Persönlichkeit zu verstehen und sie in sich zu harmonisieren. Erst danach kann er laut Bardon mit der okkulten Arbeit beginnen. Am Anfang treten so die Tugenden und Stärken, die Fehler und Schwächen des Schülers zutage.

2. Konzentrations- und Atemübungen

Im nächsten Schritt stärkt der Schüler seine Fähigkeit, sich zu konzentrieren, und praktiziert Atemübungen sowie die Technik der Autosuggestion (Selbstbeeinflussung, Stärkung der Einbildungskraft). Bardon sieht darin

Bardon behauptet, dass man die geistigen Energien einsetzen kann, wenn man seine Energie in der betreffenden Situation einfach durch eine Handbewegung, eine stille Formel aktivieren kann. Dann bäumt sich auch das Meer auf.

den Schlüssel zum Unterbewusstsein. Zudem unterscheidet er zwei Formen des Atmens: die Lungenatmung und die Atmung durch die Haut. Seine These: Der Körper kann selbstständig atmen, aber für den Schüler ist es notwendig, das Atmen zu kontrollieren. Um die Elemente und das Akasha einzuatmen, werden beide Formen des Atmens kombiniert.

3. Visualisierungs-Übungen und Manipulation der Elemente

Auf dieser Stufe geht es Bardon um intensivste Konzentration und die Visualisierung von zunehmend komplexer werdenden Objekten. Zugleich soll das „Einatmen" der Elemente in den Körper verstärkt geübt werden. Der Schüler lernt auch das magische Aufladen von Räumen oder Objekten, etwa zum Zweck des eigenen Schutzes oder der Heilung. Der Schüler lernt, mit seiner geistigen Energie umzugehen.

4. Beherrschung der magischen Energie durch Rituale

In Franz Bardons magischem System sind Rituale eher Erinnerungshilfen, die auf Handzeichen, verbalen Formeln oder visuellen Auslösern basieren. Er behauptet, dass man die geistigen Energien erst dann richtig verstanden hat, wenn man seine Energie in der betreffenden Situation einfach durch eine Handbewegung, eine stille Formel oder durch eine Kombination von beiden aktivieren kann.

Die Levitation, die willentlich herbeigeführte Trennung von Astralkörper und physischem Körper, ist laut Bardon die Voraussetzung für die Kontaktaufnahme mit der astralen Welt. Levitation bedeutet aber auch, sich selbst erheben zu können.

5. Bewusstseins-Versetzung und Levitation

Die fünfte Stufe besteht in einer Serie von Übungen, bei denen sich der Schüler auf die physische und astrale Levitation vorbereitet (Trennung von physischem Körper und Astralkörper), um dann in Kontakt mit astralen Wesen treten zu können. Die Kommunikation mit der astralen Welt verläuft entweder aktiv oder passiv. Passive Techniken hält Bardon für einfacher und sicherer, weshalb er sie zuerst präsentiert.

6. Bekanntschaft von astralen Wesen und das astrale Reisen

Neben astralen Wesen und Reisen kraft seines vom Willen gelenkten Astralkörpers geht es in dieser Stufe magischer Praxis auch um die Schöpfung von nicht-physischen Wesen zum Gebrauch des Magiers. Dabei diskutiert Bardon auch die Gefahren einer zufälligen Schöpfung solcher Wesen. Diese Phantasmen können dem Magier Schaden zufügen. An diesem Punk ist es Bardon wichtig, deutlich zu machen, dass der Schüler keine Stufe in seiner Entwicklung auslässt, damit solche Gefahren gar nicht erst aufkommen.

7. Hellsehen und andere Fähigkeiten

Bardon empfiehlt spezielle Hilfsmittel wie Augenbäder und Ohrstopfen. Sie sollen die Entwicklung übersinnlicher Wahrnehmungsfähigkeiten erleichtern. Er thematisiert auch die magische Belebung von Bildern und Statuen durch Energietransfer.

8. Bardons „fluidische Kondensatoren"

Um die elektrischen und magnetischen „Fluids" zu konzentrieren, aufzubewahren und handhaben zu können, setzt Bardon spezifische Hilfsmittel ein, die so genannten „fluidischen Kondensatoren". Er liefert detaillierte Anleitungen, wie diese Kondensatoren herzustellen sind, wie man sie „lädt" und benutzt. So empfiehlt er eine Goldtinktur herzustellen, um damit jeden Kondensator zu verstärken, den der Schüler herstellt. Hierzu wird ein Gramm lösliches Goldchlorid in 20 Gramm destilliertem Wasser aufgelöst – ein recht teures Unterfangen.

Ein Kondensator-Rezept des Meisters

Man gebe eine Hand voll frische oder getrocknete Kamillenblüten in eine Schüssel. Danach fülle man genügend kaltes Wasser hinein, bis sie vollkommen bedeckt sind. Anschließend lasse man die Kamillenblüten etwa 20 Minuten lang kochen und bei geschlossenem Topf abkühlen. Schließlich koche man die Flüssigkeit ein, bis sie ca. 50 Gramm wiegt. Dem so gewonnenen Extrakt gibt man zur Konservierung die gleiche Menge Alkohol hinzu, allerdings keinen Methylalkohol. Dieser Mixtur setzt man ca. 10 Tropfen der oben beschriebenen Goldtinktur zu. Bardon schreibt: „Beabsichtigen Sie, den Kondensator für eigene Zwecke zu gebrauchen, können Sie ihn noch speziell verstärken, indem Sie auf einem Stückchen Watte eigenes Blut oder Sperma auffangen, wenn es geht, beides zusammen, worauf Sie den Wattebausch ruhig in den Kondensator hinein geben können, um dann das Ganze gut durchzuschütteln. Dann filtrieren Sie alles durch einen Wattebausch, Leinwand oder Filtrierpapier im Trichter in ein Fläschchen und heben es gut verkorkt an einem kühlen und dunklen Ort fertig zum Gebrauch auf." (9)

Gold wirkt verstärkend auf die fluidischen Kondensatoren. Deshalb rät Bardon zur Herstellung von Goldtinkturen, mit der die Kondensatoren versetzt werden können.

Zweck der Kondensatoren

Der Magier kann die Kondensatoren auf vielfache Weise einsetzen: Er kann sie mit Flüssigkeiten mischen und trinken oder sie zusammen mit anderen Substanzen in kleine Fläschchen geben, um bestimmte Energien zu sammeln und aufzubewahren. „Ein auf diese Weise erzeugter fluidischer Kondensator verliert selbst nach vielen Jahren seine Wirkung nicht. Vor jedem Gebrauch ist der Kondensator gut zu schütteln und die Flasche nach Entnahme wieder zu verkorken, dunkel und kühl aufzubewahren. Auf dieselbe Art können Sie sich mehrere universale fluidische Kondensatoren aus russischem oder echtem chinesischen Tee, aus Lilienblüte – am besten weißer –, Pappelblättern, aus der Alraune – oder Mandragorawurzel –, Arnikablüte, Akazienblüten herstellen. Bei normalem Gebrauch, wie bei Beeinflussungen durch die Elemente oder für die Entwicklung der astralen Sinne durch fluidische Kondensatoren genügt nur ein einfacher, aus einer Pflanze hergestellter fluidischer Kondensator." (9)

Alle Bücher Bardons zeichnen sich dadurch aus, dass sie wenig theorielastig und gut verständlich sind. Sie sind praktisch ausgerichtet und damit klassische „Grimoires" – Anleitungen zur selbstständigen praktischen magischen Arbeit.

9. Der Gebrauch magischer Spiegel
Der magische Spiegel kommt ebenso wie die Kristallkugel bei vielen magischen Praktiken zum Einsatz. Nach einer knappen Beschreibung führt Bardon viele Beispiele an, wie der Magier den Spiegel verwenden kann.

10. Die Erhebung des Geistes in höhere Sphären
Zuletzt zeigt Bardon, wie der Schüler seine spirituellen Qualitäten verbessert. Hierbei stehen Selbstdisziplin und tägliche Übung im Vordergrund. Bardon will deutlich machen, dass Magie zur Erkenntnis des Selbst ebenso beiträgt wie zur Erkenntnis der verschiedenen Ebenen des Universums. Magie werde erst durch Liebe zur wahren Macht. Fazit von Bardons Buch: ein wahrhaft Liebender verfügt ohnehin über magische Kräfte, die er für andere nutzbar machen könnte und sollte.

Evokationen oder Anrufung von Dämonen

Bardons zweite Veröffentlichung, „Die Praxis der magischen Evokation", ist ein außerordentliches und einzigartiges Buch über die Kommunikation mit Geistern, knapp 500 Seiten stark und ein klassisches „Grimoire", wie magische Handbücher zur praktischen Anleitung in Fachkreisen genannt werden.

Der erste von zwei Teilen beschreibt ausführlich die zahlreichen Hilfsmittel und Apparaturen, die der Magier bei seiner Arbeit benötigt: Stab, Schwert, magischer Kreis, Lampe, Dreieck, Räuchergefäß, Spiegel, Mütze, Dreizack, Krone usw.

Im zweiten Teil des Buches stellt Bardon einen sehr umfangreichen Katalog von Geistern und Wesen zusammen, die der Schüler in der Lage ist zu kontaktieren, sobald er die Techniken der Evokationen perfektioniert hat. Mit der Evokation ruft man niedere Geister und Dämonen herbei, ganz im Gegensatz zur Invokation, mit der man die höheren Ränge der Dämonen, Geister und Engel herbeizitiert. (s. S. 60f.)

Namen von Geistern und Dämonen

Bardon beschreibt kurz die meisten Wesen mit ihren besonderen Aufgaben und Fähigkeiten: Welches Wissen oder Nutzen können sie dem okkulten Praktiker vermitteln? Wiederholt merkt er an, all diese Wesen selbst kontaktiert zu haben, das Beschriebene aus erster Hand zu kennen. Die Namen dieser Geister entsprechen denen der klassischen magischen Tradition wie Azarel oder Bael. Andere tragen Namen, die man aus dem Bereich der Magie bislang nicht kennt: Rarum, Gibsir, Rahol oder Adica.

Woher Bardon diese Namen bezogen hat, ist unklar, möglicherweise aus einem mittelalterlichen Zauberbuch wie „Das Buch Abramelin". Das berühmte Werk des Abraham von Worms aus dem Jahr 1458 hat, wie es im Titel heißt, die „wahre Praktik in der uralten göttlichen Magie" zum Gegenstand.

Der magische Spiegel ist kein unabdingbarer Gegenstand, erleichtert aber die Arbeit des Magiers und ist insofern ein beliebtes Hilfsmittel, vor allem bei ritueller Magie und bei Evokationen. Er kann unter Umständen sogar das magische Dreieck ersetzen.

Austin Osman Spare – Die Erfüllung geheimer Wünsche

Ein neues magisches System

Austin Osman Spare (1886–1956) entwickelte das magische System des „Zos Kia Cultus" und gilt als Begründer der Sigillenmagie. Eine Sigille ist ein Siegel, übersetzt bedeutet das Wort „Kürzel". Ein bekanntes Siegel ist das des Königs Salomons, das die vier Elemente und zugleich alles Gegensätzliche verdeutlicht.

Spare hatte sich viel mit den psychiatrischen Lehren Freuds befasst, in denen es um die Macht des Unterbewusstseins geht. Der Maler war fasziniert von den Möglichkeiten, die sich dadurch für die Entwicklung eines neuen magischen Systems boten. Da ihn der Kunstbetrieb zunehmend langweilte, beschäftigte er sich lieber verstärkt mit einer neuen Form von Magie. Die Ergebnisse seiner Studien veröffentlichte er in seinem „Buch der ekstatischen Freude".

Spare galt als Anarchist unter den Magiern. Bei ihm waren alle Riten, Techniken und jeder Glaube erlaubt, egal ob Gott oder Buddha.

Sigille und „Zos Kia Cultus"

Freuds Psychologie brachte ihn auf die Idee, die Erfüllung von Wünschen mit magischen Ritualen im Unterbewusstsein zu verankern. Das geschieht durch eine Sigille, die symbolische, kreative Darstellung eines bestimmten Wunsches, die zusammen mit einem Ritual durch Trance im eigenen Unterbewusstsein verankert wird, um anschließend das Ritual vollständig zu vergessen. Eine magische Praxis, die angeblich funktioniert.

Der „Zos Kia Cultus" ist eine spezielle Form des Okkultismus bzw. der Magie. Zos ist hierbei die Sphäre des Körpers, die als Ganzheit angesehen wird und Kia ist das göttliche Selbst, das sich darein projiziert. Nach Spare wird immer gezaubert, wobei alle Techniken, Ritualformen und Glaubenssysteme erlaubt sind, wie es die spätere Chaosmagie formuliert: Bete Gott an und auch Buddha, lass dir zugleich vom Teufel und vom Erzengel helfen. Der wahre Glaube beinhaltet keinen Glauben. A. O. Spare hat mit seinem System kreative Anarchie ins magische Denken gebracht.

Austin Osman Spare war zunächst Künstler. Bei der Ausstellung seiner Bilder von grotesken sexualisierten Menschen inmitten zahlreicher magischer Symbole wurde Aleister Crowley auf ihn aufmerksam – und Spare kurzzeitig Mitglied in Crowleys AA-Orden.

Der magische „Order of the Golden Dawn“

Keine Unsterblichkeit ohne Einweihung

Der praktischen Arbeit des Geheimbundes „Golden Dawn“ (Goldene Morgenröte) liegt die Annahme zugrunde, dass Unsterblichkeit erst dann erreicht wird, wenn sich der irdisch-menschliche Teil des Menschen mit Gott verbindet. Diese Einschätzung stammt von dem Magier Israel Regardie (1907–1985), der Mitglied des Golden Dawn gewesen war und im Jahre 1937 sein Schweigegelübde brach. Der Orden war 1888 in London gegründet worden. Anfänglich beschränkte sich die Tätigkeit dieses magischen Zirkels auf das intensive Studium von Zauberbüchern und die Durchführung magischer Rituale. Geleitet wurde der Orden vom Gedankengut der Kabbala, der Rosenkreuzer, der Theosophie und der altägyptischen Magie. Innerhalb der Ordenstruktur gab es zehn verschiedene Grade. Der unterste Grad hieß „Zelator“ und der neunte Grad „Magus“ – Magier. Den zehnten Grad aber hatte der „Ipsissimus“ inne, jener Mensch, der ganz zu sich selbst gefunden hat. Dieser steht noch über dem Magier.

Sieben magische Gegenstände

Jeder, der in den Orden aufgenommen worden war, musste sich sieben magische Gegenstände herstellen: einen Kelch für das Element Wasser, einen Dolch für die Luft, eine Scheibe für die Erde, einen Zauberstab für das Feuer, ein Schwert für die feurige Energie des Mars, einen Lotusstab für Beschwörungen und ein Rosenkreuz. Jeder dieser Insignien wurde eine bestimmte Farbe zugeordnet, die ein Bindeglied zwischen der Welt des Geistes und der Materie war. Farbenmystik und Tarotkarten bildeten das magische Grundgerüst dieses Ordens. Durch sie rief man so genannte Astralvisionen hervor, durch die man tief ins Unbewusste einzudringen hoffte.

Die Aufnahme in den 1888 zunächst unter dem Namen „Fraternity of the Esoteric Order of the Golden Dawn“ gegründeten Geheimbund erforderte die Herstellung sieben magischer Gegenstände, darunter ein Kelch, der das Element Wasser symbolisierte.

Die Jakobsleiter, die Himmel und Erde verbindet, spielte bei den Ritualen des „Order of the Golden Dawn" eine wichtige Rolle.

Eine Art von Jakobsleiter zwischen Erde und Himmel

Prophetische Träume zu erlangen und die Fähigkeit, den eigenen Körper mittels der Seele verlassen zu können, sind primäre Ziele der magischen Arbeit. Der Magier Aleister Crowley und der oben erwähnte Israel Regardie haben durch ihre Veröffentlichung viel dazu beigetragen, dass diese magischen Praktiken des Golden Dawn bekannt wurden. Im Zentrum dieser Rituale stand die Vorstellung, eine Art „Jakobsleiter" vom Himmel bis zur Erde zu installieren, um die angenommenen vier verschiedenen Körper in uns – den mentalen, emotionalen, materiellen und astralen – als Ganzes richtig zum Einsatz bringen zu können. Erst dann konnte Magie wirksam werden. Der Order of the Golden Dawn zerbrach Anfang des 20. Jh. infolge innerer Streitigkeiten. Aus ihm gingen verschiedene andere Geheimorden hervor, so auch die „Fraternity of the Inner Light" von Dion Fortune, ein Orden, der nach wie vor existiert.

Bram Stoker, der Autor von „Dracula", war ebenfalls Mitglied des „Order of the Golden Dawn". Stoker bildete die Gestalt des Dracula nach dem gefürchteten Fürsten Vlad, der seine Opfer grausam pfählen *(dracul)* ließ.

Aufnahme in den Orden

Das Aufnahmeritual war für die Kandidaten (Adepten) alles andere als leicht und angenehm. Die Psyche des Adepten wurde solange systematisch verwirrt, bis er nach Meinung des Golden Dawn für die absolute Einweihung bereit war. „Orientierungslosigkeit im Dunklen" lautete dieser Teil der Einweihung, bei dem den Adepten beängstigende Erlebnisse suggeriert wurden, die im „Abstieg zur Hölle" gipfelten. Vermutlich hatte man die Kandidaten zuvor unter Drogen gesetzt, sodass sie jetzt im Aufnahmeritual Visionen bekamen, die an Nahtoderlebnisse erinnerten: Die Seele verlässt den Körper und steigt in andere, jenseitige Sphären auf. Am Ende erfolgt die „Auferstehung" und „Neugeburt" – wenn man alles unbeschadet überstanden hatte, was wohl nicht immer der Fall war.

Das Pentagramm-Ritual des Golden Dawn

Einen Eindruck in das rituelle Programm dieses Ordens vermittelt das Pentagramm-Ritual: „Berühre die Stirn und sprich *ateh* (Dein ist), die Brust und sprich *malkuth* (das Reich), die rechte Schulter und sprich *ve-geburah* (und die Kraft), die linke Schulter und sprich *ve-gebulah* (und die Herrlichkeit). Lege die Hände zusammen und sprich *le-olam* (in Ewigkeit)." (6) Das alles geschieht im Schein von Kerzen, die jede magische Handlung unterstützen. Innere Sammlung und volle Konzentration sind Voraussetzungen für das Gelingen jedes Rituals, aber ebenso die unbedingte Einhaltung des vorgeschriebenen Ablaufs. Anschließend werden die Götter angerufen.

„Ziehe danach ein Pentagramm (Fünfstern) nach Osten, deute kraftvoll in seine Mitte und rufe den Namen JHVH (Jahwe), ziehe danach ein Pentagramm nach Süden, rufe *Adonai*, danach ein Pentagramm nach Westen, rufe *Eheie*, danach nach ein Pentagramm nach Norden, rufe *Agla* …" (6)

Flammende Pentagramme

Angerufen werden beim Pentagramm-Ritual ebenfalls die vier Erzengel, wobei man sich vorzustellen hat, selbst von flammenden Pentagrammen umgeben zu sein.

Auch das Pentagramm war ein wichtiges Element der Rituale. Es hat beim Golden-Dawn-Orden die Funktion, Erdenergien zu bannen und wird grundsätzlich von unten links nach oben gezogen.

Magie besteht aus ebensolchen Ritualen, die sich aus bestimmten Bewegungsabläufen einerseits und dem Aussprechen bestimmter Namen andererseits zusammensetzen. Dabei ist auch der richtige Atemrhythmus wichtig, damit die überirdischen Kräfte.

Aleister Crowley hat mehrmals behauptet, dass sich die Mitglieder des Golden Dawn nicht immer freundlich gesinnt waren. Deshalb seien Kämpfe ausgetragen worden und zwar auf der Astralebene, und diese haben letztlich gezeigt, wer die wirkungsvollste Magie für sich beanspruchen konnte. Liest man Dion Fortunes Berichte, ist sie wohl eine Kandidatin gewesen, die astral zu kämpfen verstand.

Die moderne Hexenbewegung hat ihren Ursprung im Jahr 1975, als sich in Washington zum ersten Mal 13 Töchter der Wicca versammelten.

Wicca – Moderne Hexen unter uns

Neugeburt des Hexenwesens

Auf europäischem Boden soll die letzte Hexe im Jahr 1793 in Posen hingerichtet worden sein. Gut 100 Jahre später erschien 1899 das Buch des englischen Schriftstellers und Journalisten Charles G. Leland (1824–1903) „Aradia – die Lehre der Hexen", in dem er schildert, wie er in Italien auf eine junge Frau namens Maddalena gestoßen sei, die behauptete, die letzte Nachfahrin eines alten Hexengeschlechts zu sein. Sie verriet Leland nicht nur alte Riten und Gesänge, sondern behauptete auch, in der Person der Aradia Menschen das Hexen beibringen zu können. „Aradia" – 1979 neu aufgelegt – wurde für die Wicca-Bewegung zu einem Klassiker. Daneben hatte besonders Colin Lethbridges 1962 erschienenes Buch „Hexen – Spuren einer alten Religion" großen Einfluss auf die sich neu formierenden Hexen-Konvente.

Hexen-Konvente

Hexen-Konvente (engl. *witches covens*) sind eine neuzeitliche Wiederbelebung des alten Hexenglaubens. 1662 fiel bei der Vernehmung der schottischen Hexe Gowdie zum ersten Mal der Begriff *coven*. Gowdie behauptete damals, dass ein Konvent aus 13 Hexen bestünde.

Zu den prominentesten Wiccas zählt Miriam Santos, genannt Starhawk. Sie gilt als Ökofeministin und Friedensaktivistin und hat seit 1979 zahlreiche Bücher zur Göttinenreligion veröffentlicht. Außerdem veranstaltet sie zahlreiche Workshops weltweit.

Andere sehen im 13. Mitglied den Teufel persönlich. In modernen Konventen geht es nicht nur um Magie, sondern vor allem um die Zugehörigkeit zur Göttin Erde. *Wicca* bedeutet „Hexe", wobei allerdings eher eine durch das Christentum verdrängte alte Religion der Urgöttin gemeint ist. Das verborgene Wissen der „Alten Religion" wollte Gerald B. Gardner, ehemaliger Direktor des Hexenmuseums der englischen Insel Man, 1954 wiederauferstehen lassen. Mit seinem Buch „Witchcraft Today" (deutsche Ausgabe „Ursprung und Wirklichkeit der Hexen – Witchcraft Today") schuf er die Grundlagen für den Wicca-Kult. Die ersten modernen Hexenkonvente entstanden somit in England.

Wicca in den USA
Von den Britischen Inseln aus gelangte die Bewegung schon bald in die USA. 1975 versammelten sich im Staat Washington zum ersten Mal 13 nackte „Töchter der Wicca". Sie feierten bei Kerzenlicht einmal im Monat ihren Hexensabbat. Dabei sangen sie lateinische Psalmen, die Kranke heilen und die Seelen der Verstorbenen exorzieren sollten. 1977 wurde in Kalifornien die erste Hochzeit von Hexen bekannt: „Der Gott der Hexen ist ein Gott der Liebe", erklärte der Bräutigam, wobei er ein Schwert in der Hand hielt. Bis heute soll es in den USA praktizierende Hexen-Konvente geben – laut einer repräsentativen Schätzung aus dem Jahr 2000 allein in New York 10 000.

Starhawk – eine moderne Hexe

Die 1951 geborene Miriam Samos ist unter dem Namen „Starhawk" die derzeit prominenteste amerikanische Hexe. Sie hat verschiedene Bestseller geschrieben und auch in Deutschland in den 1970er-Jahren verschiedene Hexenworkshops gegeben. Wer ihre Bücher liest, fühlt sich an Aleister Crowley erinnert, vor allem an seine These: „Tu, was dir gefällt!" Gott ist eine Göttin und erlaubt ist, was der Entwicklung des eigenen Selbst nützlich ist. Allerdings, so Starhawk, sind Hexen dazu verpflichtet, „alle lebendigen Dinge zu ehren und zu achten". Nur durch den Menschen kann die Göttin, die alles Leben erhält, ihre volle Schönheit entwickeln. Für Starhawk als der bekanntesten Vertreterin des amerikanischen Wicca, ist Magie die Nutzbarmachung der verborgen in uns schlummernden Kräfte. Magie muss täglich durch Rituale eingeübt werden, soll sie wirksam sein. Starhawk behauptet, dass das, was sie an magischen Praktiken, Tänzen und Gesängen lehrt, auf alte Traditionen zurückgehe, die bis in die Steinzeit zurückreichten, als Frauen und Männer gleichberechtigt miteinander umgingen.

Den Wiccas geht es nicht in erster Linie um Magie, sondern um die Verbundenheit mit der Erdgöttin. Sie beten die Urgöttin an, die vor langer Zeit durch männliche Götter verdrängt wurde.

Die alten Vorstellungen von hässlichen Hexen mit Warzen auf der Nase und einer Katze auf der Schulter greifen nicht mehr. Hexen sind modern geworden und gehen mit der Zeit: Sie bieten ihre Dienste inzwischen auch im Internet an.

Natur und Mensch im Gleichgewicht

Starhawk und mit ihr der Wicca-Bewegung geht es zuallererst um die Wiederherstellung des Gleichgewichts zwischen Mensch und Natur – nicht um das, was man mit Hexen allgemein verbindet (Schadenszauber, Satanismus etc.), sondern um die Rückkehr zu einer weiblichen Urreligion. Beim Wicca-Kult stehen neben der „Mondin" Luna die alten griechischen Göttinnen Kybele und Diana im Zentrum des Interesses. Jeder Konvent umfasst höchstens dreizehn Mitglieder, die sich dreizehn Mal im Jahr bei Vollmond treffen. Sie pflegen ausgiebig ihre Rituale, tanzen und rufen die große Mondin an. Es gibt drei Einweihungsgrade (Initiation), die geheim gehalten werden, ebenso die Rezeptur für magische Tinkturen und Salben. Nur soviel ist bekannt: Jede neue Kandidatin betritt mit einer Augenbinde versehen den Kreis der anderen Hexen. Dabei wird entweder Diana, die Göttin der Jagd, oder Kybele angerufen. Kybele ist eine Göttin der Unterwelt, zu deren Ehren sich in der Antike Männer in Ekstase sogar kastriert haben sollen. Wenn man der neuen Kandidatin im Konvent schließlich die Augenbinde abnimmt, begrüßt sie die Gruppe mit ihrem neuen magischen Namen.

Hexen hexen nun mal

Wer glaubt, moderne Hexen würden sich nur ihrem heidnischen Glauben widmen, irrt. Hexen bieten ihre Künste im Internet an und sind bereit, anderen Schaden zuzufügen, wenn sie dafür bezahlt werden. Schadenzauber ist Magie, die bereits von den Germanen praktiziert wurde. Druiden stießen Flüche aus, wenn sie jemanden verletzten oder sogar töten wollten. Das alles funktioniert nur, wenn der Betroffene darum weiß und wenn er bereitwillig an die Kraft glaubt, die ihm schaden will. Insofern haben Hexen zu allen Zeiten wirken können. Doch zu jeder Verwünschung existiert ein wirksamer Gegenzauber. Diesen bietet die Hexe von nebenan, die nur ausfindig gemacht werden muss.

Die Schamanin Maria Sabina

Die bedeutendste Schamanin der Gegenwart, deren Einfluss auf die Wicca-Bewegung kaum zu überschätzen ist, ist Maria Sabina (um 1894–1985), eine Angehörige des mexikanischen Indianervolks der Mazateken. In ihrer Heimat wird sie von den Menschen „Weise Frau" genannt, obwohl sie niemals eine Schule besucht hat. Als sie in den 1960er-Jahren neugierigen Ethnologen aus den USA Einblick in ihre magische Arbeit gegeben hat, wurde sie weit über die Grenzen ihres Landes hinaus bekannt – als Heilerin und Hexe im positiven Sinn. Ihre Lebensaufgabe sieht Maria Sabina darin, sich der Weisheit hinzugeben, um Menschen von Krankheiten zu heilen. Die kraftvolle Heilerin sieht sich als Tochter der Ninos Santos, der „Heiligen Pilze".

Die Heiligen Pilze

Die Heiligen Pilze verwenden die Indianer Mexikos seit vielen Jahrhunderten. Sie schenken ihnen Visionen und geben ihnen die Macht zu heilen. Wissenschaftliche Untersuchungen haben ergeben, dass ihre halluzinogenen Wirkungen ähnlich denen von LSD sind. Es heißt, Maria Sabina habe mit Hilfe der Pilze viele Krankheiten heilen können, indem sie auf Trancereisen ging und wie die Schamanen Sibiriens die Geister besänftigte. Sabina Maria spricht davon, dass diese Reisen in die Anderswelt für sie mit teils großen Qualen verbunden waren. Wenn sie Pilze zu sich nahm, geschah dies immer im Rahmen einer Zeremonie: Ein Vertrauter schlägt die Trommel, um den Bewusstseinszustand der Heilerin zu verändern. Er soll mit ihrem Herzschlag synchronisiert werden – eine der vielen vergessenen Techniken, die die Wicca-Bewegung Sabina zu verdanken hat. Auch im mittelalterlichen Europa werden viele Frauen ähnliche Heilverfahren wie Sabina angewandt haben, nur dass ihre Droge kein Pilz, sondern der Stechapfel war.

In den Blättern und im Samen des Stechapfels ist das giftige Alkaloid Hyoscymin enthalten. Hexen nutzten es bei der Zubereitung ihrer Salben. Es löst Halluzinationen aus. In der Magie wird der Samen benutzt, um Streit zu schüren.

Zum Schluss

Zwischen Magie und Psi-Phänomenen

Unter Psi-Phänomenen versteht man paranormale Erscheinungen wie Telekinese (Bewegen von Gegenständen ohne physische Einwirkung) oder Telepathie (Gedankenlesen). Bislang gibt es keinen Beweis für derlei Erscheinungen, aber auch keine Gegenbeweise im Sinne einer rein rationalen Erklärung der bekannten Fälle. Für Spukereignisse wie etwa Poltergeister oder Klopfgeister konnten vielfach Psychosen derer, in deren Umfeld sie aufgetreten waren, als Auslöser der Phänomene ausfindig gemacht werden, obwohl damit nicht die scheinbar unnatürlichen Ereignisse selbst erklärt werden konnten. Selbstverständlich wurden auch zahlreiche geheimnisvolle Ereignisse als Betrug und Einbildung entlarvt. Aber wie so oft bleibt ein Rest unerklärbar und rätselhaft.

Dass man durch entsprechende magische Übungen Gegenstände bewegen oder Gedanken lesen kann, wird zwar in einschlägigen Werken immer wieder behauptet, aber der Beweis dafür wurde bislang noch von keinem Magier erbracht.

Es mag sein, das Magie und Parapsychologie eine gemeinsame Schnittmenge haben, doch das wird wohl erst die Zukunft zeigen – nämlich dann, wenn man paranormale Phänomene so weit untersucht und ausgewertet hat, dass man sie unter Laborbedingungen jederzeit wiederholen kann. Sollte das jemals möglich sein, würden sich magische Praktiken als eine Möglichkeit herausstellen, übernatürliche Erscheinungen hervorzurufen.

Die sensationelle Entdeckung von Rupert Sheldrake

Neue Ansätze könnte die Theorie des englischen Biochemikers Rupert Sheldrake liefern, derzufolge es so genannte „morphogenetische Felder" gibt, die, frei von Materie und Energie, dennoch über Zeit und Raum wirksam sind und eine unsichtbare informative Verbindung zwischen Lebewesen darstellen, ein Gebiet, das vor allem von russischen Forschern wie Alexander Gurwitsch intensiv bearbeitet wird. Hierdurch ließen sich Phänomene wie Telepathie, Telekinese oder auch spiritistische Erscheinungen erklären. Ein solches „Feld" beschränkt sich laut Sheldrake nicht allein auf das Gehirn, sondern erstreckt sich über den Körper hinaus in die Umgebung. Alle Lebewesen scheinen untereinander durch „Resonanz" verbunden. Mit diesem Ansatz arbeitet auch ein neues Erklärungsmodell der Magie: die Steuerung von Energie durch Information.

Wohin geht die Reise? Die Frage, ob man durch magische Übungen Gegenstände bewegen oder Gedanken lesen kann, ist nach wie vor unbeantwortet. Sicher ist aber, dass sich viele Menschen durch Magie in ein unbekanntes Land führen lassen.

Rechts: Spukereignisse wie etwa Poltergeister oder Klopfgeister konnten vielfach auf schwere psychische Probleme einer bestimmten Person zurückgeführt werden. Sie wurden zumindest als Auslöser der rätselhaften Phänomene entdeckt.

QUELLENNACHWEIS

1 Lamont-Brown, Raymond: *A Book of Witchcraft*. New York 1971
2 Regardie, Israel: *Die Elemente der Magie*. Reinbek 1991
3 Crowley, Aleister: *Magick*. Berlin 1983
4 Hasenfratz, Peter: *Die religiöse Welt der Germanen. Ritual, Magie, Kult, Mythos*. Freiburg 1994
5 Govinda, Anagarika: *Die innere Struktur des I-Ging*. Bielefeld 1993
6 Regardie, Israel: *Das magische System des Golden Dawn*. Freiburg 1988
7 Levi, Eliphas: *Geschichte der Magie*. München 2001
8 Fortune, Dion: *Selbstverteidigung mit PSI. Sicherheit und Schutz durch geistige Kraft*. München 2000
9 Bardon, Franz: *Der Weg zum wahren Adepten*. Wuppertal 2002

Ashley, Leonard R. N.: *Geschichte der Magie*. Bergisch-Gladbach o. J.
Bardon, Franz: *Die Praxis der magischen Evokation. Anleitung zur Anrufung von Wesen uns umgebender Sphären*. Wuppertal 2003
Bibel. Stuttgart 1980
Biedermann, Hans: *Handlexikon der Magischen Künste*. München 1976
Braem, Harald: *Magische Riten und Kulte*. München 1995
Daxelmüller, Christoph: *Zauberpraktiken*. Düsseldorf 2001
Dee, John: *Monas Hieroglyphica*. Whitefish 2003
Dehn, Georg (Hg.): *Abraham von Worms. Buch Abramelin*. Leipzig 2001
Donner, Florinda: *Die Lehren der Hexe. Eine Frau auf den Spuren schamanischer Heiler*. Freiburg 1997
Ebeling, Florian: *Das Geheimnis des Hermes Trismegistos. Geschichte des Hermetismus*. München 2005
Endres, Franz Carl / Schimmel, Annemarie: *Das Mysterium der Zahl*. München 1996
Fortune, Dion: *Die kosmische Doktrin*. Hamburg 2004
Fortune, Dion: *Die mystische Kabbala. Ein praktisches System der spirituellen Entfaltung*. Freiburg 1995
Gardner, Gerald B.: *Ursprung und Wirklichkeit der Hexen. Witchcraft Today*. Seggebruch 2004
Golowin, Sergius: *Die Magie der verbotenen Märchen. Von Hexendrogen und Feenkräuterrn*. Hamburg 1978
Gregorius, Gregor A. (Hg.): *Aleister Crowley's magische Rituale*. Berlin 1980
Holroyd, Stuart: *Gnostizismus*. Braunschweig 1995
Hornung, Eric: *Das geheime Wissen der Ägypter*. München 2003
Leland, Charles G. (Hg.): *Aradia – Die Lehren der Hexen. Mythen, Zaubersprüche, Weisheiten, Bilder*. Geretsried 2004
Levi, Eliphas: *Transzendentale Magie. Dogma und Ritual*. München 2000
Lucadou, Walter: *Dimension PSI – Fakten zur Parapsychologie*. Berlin 2003
Ranke-Graves von, Robert: *Die Weiße Göttin*. Berlin 1995
Regardie, Israel: *Die Elemente der Magie*. Hamburg 1991
Roberts, Marc: *Das neue Lexikon der Esoterik*. München 1995
Schubart, Walter: *Religion und Eros*. München 1966
Seligmann, Kurt: *Das Weltreich der Magie. 5000 Jahre geheime Kunst*. Wiesbaden 1948
Sheldrake, Rupert: *Das schöpferische Universum. Die Theorie des morphogenetischen Feldes*. Berlin 1993
Spare, Austin O.: *Das Buch der ekstatischen Freude*. Holdenstedt 1996

BILDNACHWEIS

Corbis: 2 Clayton J. Price, 4 Gianni Dagli Orti, 5 Brooklyn Museum of Art (l.), Hulton-Deutsch Collection (r.), 6 Bettmann, 7 Stapleton Collection, 8 Stapleton Collection, 9 Stefano Bianchetti (o.), Corbis (u.), 11 Gianni Dagli Orti, 12 Roger Wood, 13 The Art Archive, 14 Roger Wood, 15 Michael Nicholson, 16 Bettmann, 17 Gianni Dagli Orti (o.), STScI/NASA (u.), 19 Brooklyn Museum of Art, 20 Blasius Erlinger/zefa, 22 Bettmann, 23 PoodlesRock (o.), The Cover Story (u.), 24 Richard T. Nowitz, 25 Jacqui Hurst (l.), Sandro Vannini (r.), 26 Alen MacWeeney, 27 Archivo Iconografico, S.A. (o.), Gianni Dagli Orti (u.), 28 Hans Georg Roth (o.), Caroline Penn (u.), 29 Christine Osborne, 30 SETBOUN, 31 Stefano Bianchetti (o.), Dave Bartruff (u.), 32 Gianni Dagli Orti (o.), Courtesy of Museum of St. Pere de Galligants; Ramon Manent (u.), 33 SETBOUN, 34 Burstein Collection, 35 Robert Estall (o.), Ted Spiegel (M.), 36 Jose Fuste Raga, 37 Yang Liu, 38 Stuart Westmorland, 39 Tim Page, 40 Les Stone/Sygma, 41 Archivo Iconografico, S.A. (o.), Stefano Bianchetti (u.), 42 Bob Krist (o.), Michael Freeman (u.), 43 Les Stone/Sygma, 44 Jennifer Kennard, 45 Bettmann, 46 Rainer Holz/zefa, 47 Bettmann (o.), Jose Fuste Raga (u.), 48 Geray Sweeney, 49 Sergio Pitamitz/zefa, 50 Historical Picture Archive, 51 Bettmann (o.), Werner Forman (u.), 52 Bettmann, 53 Werner Forman, 54 Lindsay Hebberd, 55 Bowers Museum of Cultural Art (o.), Corbis (u.), 56 Chris Rainier, 57 David Turnley, 58 Bob Krist, 59 Randy Faris, 60 Bettmann, 61 Reuters (o.), Roger Wood (u.), 62 Hulton-Deutsch Collection, 63 The Cover Story, 65 Hulton-Deutsch Collection, 66 Bettmann, 67 Hulton-Deutsch Collection, 68 Hulton-Deutsch Collection, 69 Bettmann, 71 Ruggero Vanni (o.), Stuart Westmorland (u.), 72 Pallava Bagla (o.), Stapleton Collection (u.), 74 Mark Hamilton/zefa, 75 Historical Picture Archive, 76 Bettmann (u.), 77 Historical Picture Archive, 78 Massimo Listri, 79 Craig Tuttle, 81 W. Cody, 82 Gary Salter/zefa, 83 B.M.W./zefa, 84 Alen MacWeeney (o.), Hulton-Deutsch Collection (u.), 85 David Lees, 86 Gerrit Greve (o.), Hulton-Deutsch Collection (u.), 87 The Cover Story, 88 The Cover Story, 89 Archivo Iconografico, S.A. (u.), 90 Cynthia Hart Designer, 91 Stapleton Collection, 92 Al Francekevich, 93 Bettmann

Parapirctures Archiv: 21, 80

Stempell, Kyra: 70, 73, 76 (o.), 89 (o.)

Register